AI 사피엔스,
무엇을 하고 살 것인가

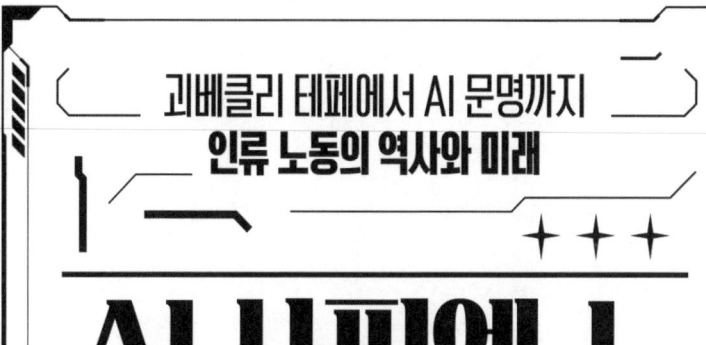

괴베클리 테페에서 AI 문명까지
인류 노동의 역사와 미래

✦✦✦

AI 사피엔스,
무엇을 하고 살 것인가

백완기 지음

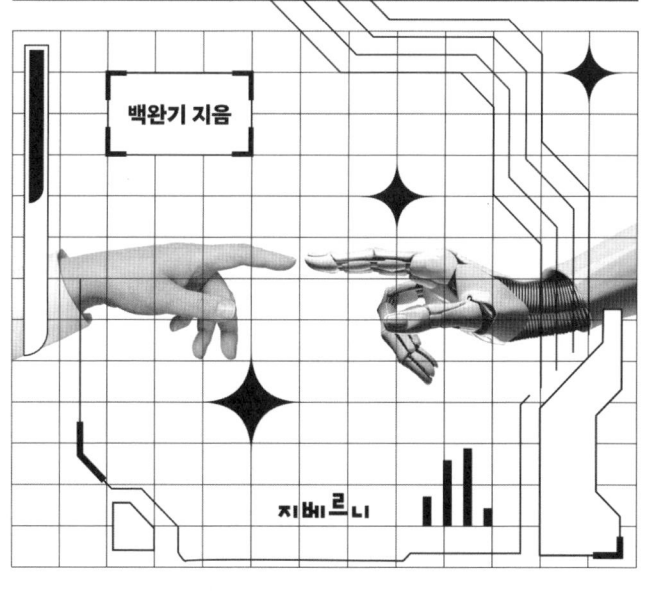

지베르니

인류 문명의 거대한 흐름은 언제나 '노동'이라는 인간적 행위를 중심으로 전개되어 왔다. 수렵 · 채집의 공동체적 협력에서, 농경과 도시의 발달, 장대한 제국의 건설, 산업혁명과 정보화 시대에 이르기까지, 인간은 끊임없이 "우리는 무엇을 하며, 어떻게 살아갈 것인가"라는 질문 앞에 서 있었다. 백완기 저자의 이 책은 바로 그 오랜 질문의 계보를 추적하며, 인간의 노동을 통해 문명이 어떻게 형성되고, 또 어떻게 변화해 왔는지에 대한 깊은 사유의 여정을 기록한다.

특히 저자는 인간이 먼저 '신전'을 세우고, 그 공동의 상상력 속에서 의미를 만들어낸 괴베클리 테페에서 시작하여, 이집트의 영원을 향한 건축, 그리스의 인간 중심 사유, 이슬람 문명의 지적 계승, 그리고 르네상스와 산업혁명으로 이어지는 흐름을 직접 발걸음으로 확인하며 서술한다. 문명은 단절의 산물이 아니라, 서로의 지식과 상상력을 이어받아 확장해 온 거대한 연속체라는 사실을 이 책은 설득력 있게 보여준다. 기술이 인간을 단순히 도구로 사용한 시대가 아니라, 인간이 기술과 노동을 통해 새로운 삶의 질서를 창조해온 과정이 생생하게 드러난다.

전직 교육감으로서, 이 책에서 가장 주목한 부분은 기술혁명이 다시 인간의 삶을 근본에서 재구성하고 있다는 저자의 통찰이다. 산업혁명이 시간을 '표준화'하고 일상을 '분절'시켰다면, AI 혁명은 오히려 인간을 기존의 노동으로부터 해방시키며 새로운 질문을 던지고 있다는 것이다. "기술이 인간을 대신하는 시대에, 인간은 어떤 의미를 향해 일해야 하는가?", "기술은 우리를 위해 봉사할 것인가, 아니면 인간이 기술의 논리에 종속될 것인가?"라는 물음은 오늘 교육이 반드시 다루어야 할 핵심 주제이다. 저자의 분석처럼 기술은 본래 가치중립적이며, 그 방향을 결정하는 것은 결국 사회의 제도, 공동체의 철학, 그리고 교육의 역할이기 때문이다.

교육의 관점에서 이 책이 더욱 소중한 이유는, 노동을 단순히 '경제적 활동'이 아니라 '존엄의 실현'이자 '의미의 탐색'으로 바라본다는 점이다. 저자는 노르웨이 어업, 북유럽의 노동환경, 한국과 주변국의 비교, AI 공장의 자동화 사례 등을 제시하며 "어떤 일자리인가보다, 그 일자리를 어떻게 설계했는가가 인간의 삶을 바꾼다"고 말한다. 이는 미래 교육이 지향해야 할 핵심 가치와 맞닿아 있다. 학생들에게 직업을 가르치는 것이 아니라, '일의 의미'를 이해하게 하고, '어떻게 더 인간다운 노동의 세계를 만들 것인가'를 고민하게 하는 교육이 절실해지는 이유다.

또한 이 책은 기술의 진보가 불러오는 양극화, 알고리즘의 폭력성, 혐오와 분열의 확산 등 현대 사회의 구조적 문제를 외면하지 않는다. 기술의 위험을 강조하기보다, 기술이 인간의 자유와 창의성을 확장할 수 있는 방향을 모색하는 데 집중하는 점이 인상적이다. 저자의 여정은 단순한 여행기가 아니라, 문명의 뿌리를 더듬으며 미래를 설계하려는 하나의 사회적 제안이자 실천적 성찰이다.

백완기 저자는 노동의 현장에서, 기술교육의 현장에서, 그리고 문명사적 현장에서 얻은 경험을 토대로, '노동의 존엄'이라는 인간의 오래된 가치가 AI 시대에도 여전히 유효하다고 말한다. 이 책은 문명사를 깊이 있게 탐구함과 동시에, 우리 사회가 앞으로 어떤 노동철학을 세워야 하는지에 대한 지적 나침반을 제시한다.

공교육과 민주주의, 그리고 인간의 존엄을 중심에 두고 교육행정을 수행해 온 사람으로서, 나는 이 책이 현재의 불확실한 시대를 살아가는 시민들뿐 아니라 교육과 정책을 고민하는 모든 이들에게 중요한 지혜의 책이 되리라 확신한다.

AI 시대는 우리에게 더 많은 질문을 던지고 있다. 일의 의미, 기술과 인간의 관계, 문명의 방향, 그리고 공동체의 미래에 대해 깊이 성찰하도록 요구한다. 이 책은 그러한 질문들 앞에서 망설이던 독자들에게 하나의 길을 제시한다.

나는 이 책이 많은 시민들에게 지적 영감을 주고, 새로운 노동문화 · 교육문화 · 문명적 상상력을 촉발하는 데 기여할 것이라 믿는다. 깊은 사유와 현장 경험, 글로벌 시야가 어우러진 이 책을 기쁜 마음으로 추천한다.

_ 조희연(사회학자, 前 서울시교육감)

이 책은 먼 길을 걸어온 한 순례자의 기록이다. 저자는 문명의 긴 강줄기를 따라 걸으며, 무너진 문명의 폐허를 손끝으로 더듬고, 부서진 기둥의 온도를 느끼고, 사라진 시간의 냄새를 맡는다. 그 장구한 시간의 흐름을 자기 안에 가만히 새겨 넣으며, 과거의 노동과 오늘의 노동이 어떻게 서로를 비추고 이어지는지를 깊이 사유한다.

이 책의 가장 큰 미덕은 단순한 문명사 · 기술사 서술에 머물지 않고, '일의 의미'를 통해 역사를 다시 쓰고 있다는 점이다. 저자는 노동을 단순한 생계의 수단이 아니라 문명을 일으키고 유지해 온 인간 정신의 근원으로 바라본다. 역사가 권력의 기록으로 남는다면, 문명은 사람들의 땀과 숨결이 허공에 부딪혀 남긴 흔적 위에 세워진다. 저자는 그 흔적을 '노동'이라는 렌즈로 다시 읽어내, 인간이 어떻게 일해 왔고 왜 일하며 앞으로 어떻게 일해야 하는지를 묻는다.

책의 곳곳에는 저자의 지난 시간이 엷은 먼지처럼 내려앉아 있다. 그는 젊은 시절 노동 현장에서 일하다 구속되었고, 훗날 공공직업교육기관의 원장으로 일했다. 그는 노동의 고통을 가장 가까운 곳에서 지켜본 사람이고, 그 고통을 견디는 손을 오랫동안 바라본 사람이다. 문장 사이사이에는 바람에 흔들리던 노동조합 천막 속 노동자들의 거친 숨결, 기술교육 현장에서 만난 이들의 절박한 눈빛이 서늘하게 배어 나온다. 이 책의 문장은 지적이면서도 따뜻하다.

1만 년의 긴 여정을 거쳐 그가 돌아온 자리는 '지금, 여기'다. 우리의 노동, 우리의 기술, 우리의 삶이다. 노동이 곧 존재의 증명이던 시대가 저물고, 노동이 더는 인간을 부르지 않는 거센 변혁의 시대에, 인간의 자리가 어떻게 비워지고 또 어떻게 다시 채워져야 하는지를 성찰한다. 그는 두려움으로 시대를 바라보지 않는다. 변화는 누구에게나 낯설고 거칠지만, 그 속에서 새로운 길이 열린다고 믿는다. 그리고 그 길은 사람이 사람을 존중하는 마음 위에서만 비로소 단단해진다고 말한다.

이 책은 단순한 지적 탐구서가 아니다. 미래를 향한 안내서이자, 인간다운 삶을 회복하기 위한 철학적 지침서라고 불러도 좋다. 무너져가는 노동의 의미를 다시 세우고, 불안한 시대를 건너는 데 필요한 나침반을 조심스레 건넨다. 저자는 독자에게 나직한 목소리로 묻는다. "당신은 무엇을 위해 일하는가" "우리는 이제 어떤 문명을 지을 것인가"이 질문은 쉽게 사라지지 않는다. 읽는 내내 가슴 어딘가에 내려앉아 있다가, 책장을 덮은 뒤에도 오래도록 남아 잔향처럼 맴돈다.

_ 김종구 (前 한겨레신문 편집국장 · 편집인)

저자는 오랫동안 인간, 문명, 과학기술, 노동에 대해 깊은 연구와 성찰을 계속해 온 작가이다. 유사 이래 인류가 맞이한 문명과 과학기술의 발전 과정을 세심하게 관찰하고 긍적적인 눈으로 바라보면서, 그것이 인간을 종속시키는 것이 아니라 자유롭게 하고 소수가 아닌 인류 전체의 공동선을 위한 선순환의 기제로 기능해야 함을 제시하는 깊이 있고 날카로우면서도 따뜻한 시각이 느껴지는 저술이다. 또한 수천 년 동서양 문명사의 현장을 발로 또 사색으로 밟으며 문명과 기술 발전의 내용과 의미를 확인해 가는 과정에서, 오늘 인간의 생활과 노동에 급속하고 광범위한 영향을 확산시키고 있는 AI 혁명의 시작과 끝을 역사 현장을 통해 통찰하고 해석하고자 하는 것이 이 책 저술의 계기임을 숨기지 않는다. 나아가서 이 책은 역사와 문명의 발전 방향이 어떠해야 함을 고대 문명의 기원지인 괴베클리 테페에서부터 레반테, 이집트, 그리스, 로마, 이슬람, 르네상스, 산업혁명, 미국, 일본을 거쳐 오늘날 미 · 중 디지털 패권 경쟁의 현실과 미래, 그리고 2차대전 후 산업화와 민주화를 이룬 유일한 나라인 우리나라의 미래, 그리고 AI 시대 노동의 미래를 포괄적으로 제시하는 책이기도

하다. 이런 의미에서 이 책은 역사발전의 방향에 대한 인문학적 소양을 필요로 하는 현대인, 특히, AI 시대를 경이, 불안, 공포의 눈으로 보고 겪고 있는 현대인들이 꼭 일독해야 할 책이다.

_ 김한주 (前 법무법인 시민 변호사, 법무법인 동서양재 대표변호사)

"노동으로 문명을 다시 짓다." '일자리 진화는 어떻게 우리의 삶을 바꾸는가'라는 화두를 제기한 『레이버피아』와 'AI 시대 우리 일자리는 지속 가능한가'를 주제로 한 『일자리 그 위대한 여정』을 잇달아 펴내 인공지능 시대의 인간과 일자리, 그리고 인류 문명의 현재와 미래에 대해 천착해 이 분야의 문제적 작가로 부상한 백완기 교수가 이번에 이 고민에 대한 최근 생각을 정리한 새 책을 펴냈다.

그는 "우리는 무엇을 하며 살아야 하는가"라는 질문을 문명의 기원에서 AI 초자동화까지 분석, 정리하고 '일의 설계가 곧 삶의 설계'임을 설득력 있게 보여준다. 튀르키예 괴베클리 테페에서 시작해 이슬람 문명과 르네상스, 산업혁명, 동아시아 근대, 실리콘밸리와 베이징의 AI 경쟁으로 이어지는 여정 속에서, 노동은 생존 수단을 넘어 '의미를 짓는 행위'였다는 사실을 제시한다.

요즘 이 분야의 책들이 잇달아 나오고 있지만 이 책만의 독창성은 노동 현장과 교육, 기술, 정치, 철학을 두루 경험한 실천적 지식인인 저자가 역사의 현장 답사와 자신의 다양한 체험 등을 함께 엮어 문명사의 거대한 흐름을 '살아 있는 이야기'로 풀어냈다는 점이다.

특히 기술결정론과 반기술주의를 동시에 비켜가면서 기술은 중립적일 수 있으나 사용은 결코 중립적이지 않다는 전제 아래, 핵 · DNA · 정보통신 · AI의 양면성을 거버넌스와 규범의 설계 과제로 제시한 점은 신선하다. 즉 '노동의 종말'식 종말론이 아니라, 존엄 · 자율성 · 안전 · 역량성 · 공정성을 기준으로 한 종합적 재설계가 해법임을 제시한다.

아울러 한국의 특수성을 세계사의 보편성 속에서 찾는 포인트도 눈여겨 볼만하다. 압축 성장과 민주화의 동시 달성이라는 경험을 산업화 → IT → AI로 이어지는 보편적 기술 변동 위에서 재해석하며, 현대, 도요타, 중국 신흥 제조플랫폼의 비교를 통해 '자동화 vs 고용'의 낡은 이분법을 넘어서는 생산모델 전환을 꾀할 것을 제시한다.

이 책은 기존 문명사가 '일의 미시적 설계'를 전면에 세워, 역사 해석을 현장의 실행 프레임으로 변환한다. 한국의 경험을 세계 전환의 촉매로 재배치하면서, AI 시대의 승패가 GPU의 숫자가 아니라 사람이 일을 더 잘하도록 세상을 어떻게 설계하느냐에 달려 있음을 일깨워 준다.

책을 읽고 나면 두 가지가 남는다. 문명은 상상과 협력의 공동 설계에서 시작되었다는 통찰에 바탕한 역사에 대한 겸허와 AI 시대의 핵심은 종말이 아니라 재설계라는 혜안이다.

"노동은 문명을 만들고, 문명은 다시 노동을 새롭게 정의한다. 그리고 그렇게 정의된 노동이 우리의 삶을 결정한다"는 명제는 기존의 저서와 맥락이 연결되는 긍정적 전망이자 우리가 해결해 나가야 할 나침반이다. 인공지능 시대의 인류의 노동과 일자리, 교육 등의 미래에 대해 고민하는 모든 분들께 강추한다.

_ 윤승용 (남서울대학교 총장, 前 노무현정부 청와대 홍보수석)

저자는 과거의 문명사와 오늘의 AI 시대를 하나의 흐름으로 꿰어내는 보기 드문 사상가입니다. 그의 글은 역사 해설을 넘어 '우리는 어디에서 왔고 어디로 가는가'라는 근본 질문을 독자에게 던집니다. 터키의 고대 유적부터 일본의 메이지 유신과 한국의 압축 성장, 동북아 미래, 그리고 AI 문명 설계까지 광대한 스케일 속에서도 인간의 존엄이라는 중심축은 흔들리지 않습니다.

책을 덮고 나면, 기술보다 중요한 것은 결국 '가치관'이라는 사실을 다시 깨닫게 됩니다. 우리 시대가 꼭 읽어야 할, 생각의 지평을 넓혀주는 사유의 지도를 제공하는 책입니다. 그의 글은, 무소유의 풍요에서 공유의 가치로, 그리고 오늘날 AI 시대의 도전으로 이어지는 철학적 메시지가 독자에게 깊은 울림을 줍니다.

_ 조동표 (에이아이디코리아 대표, 한국장학재단 사회리더대학생 멘토)

우선 결론부터 말하자면, 이 책은 희소성의 법칙을 지닌 귀한 저작이다. 과거 인류 발전의 궤적을 고찰하게 하는 인류학적·고고학적 통찰을 담고 있을 뿐 아니라, 인간이 살아가기 위해 수행해 온 가장 본원적 행위인 '노동'을 통해 세계를 바라보게 한다. 겉으로 보기에는 오늘의 현재와 미래가 급격히 변화하는 듯 보이지만, 이 책은 그 변화의 밑바탕에 여전히 인간의 존엄과 창조성을 구현하는 문명의 토대가 견고히 흐르고 있음을 일깨워 준다. 말 그대로, 오늘날 사회에서 좀처럼 찾아보기 어려운 깊이와 시야를 담은, 다시금 인간과 문명을 되돌아보게 하는 귀한 책이다.

_ 이석희 (iNTER VR−대표이사, 남서울대학교 가상현실학과 가상증강현실 융합전공

이 책은 AI 시대를 문명사적 대전환의 시기로 규정하고, 기술 발전에 따른 인류 문명의 전환과정에서 인간, 그리고 노동의 가치가 어떻게 달라져 왔는지를 흥미진진하게 기술하고 있다. 그 연장선에서 저자는 다가올 AI 시대가 기술 패권 경쟁에 따른 승자독식이 아니라 사회구성원 모두의 것으로 귀결되는 더 좋은 사회를 꿈꾸며, 그 가능성을 제시하고 있다. 시종일관 인간과 노동을 중심에 두는 그의 시선이 따뜻하게 느껴진다.

_ 이동진(前 도봉구청장)

AI는 희망이자 두려움이다. AI 시대에 인간은 자신의 존재 의미와 존엄성을 지켜낼 수 있을까? 저자는 인류 문명사를 공시적·통시적으로 종횡무진하며 과거로부터의 교훈과 미래에 대한 전망을 하나의 서사로 정교하게 엮어 낸다. 괴베클리 테페에서 시작하여 문명사의 전환 지점을 누비는 그의 여정에서 독자들은 AI 시대에 어떻게 삶의 의미를 찾을 수 있을지, 새로운 지혜를 얻을 수 있을 것이다.

_ 서경주 (前 광주 MBC 사장, 번역가)

백완기 교수님의 이번 신간은, 내가 준비 중인 『신화 속 눈 이야기』와 놀라울 만큼 닮아 있습니다. 방식은 달라도 결국 우리가 마주하는 질문은 같습니다. "우리는 세계를 어떻게 바라보고 준비할 것인가?" 우리는 다가올 AI 시대를 기대와 우려가 뒤섞인 시선으로 바라보고 있습니다. 이 책은 그러한 양가적 감정 속에서 우리가 어떤 관점을 지녀야 하는지 보여주는 훌륭한 길잡이로 생각합니다.

문명은 언제나 '보는 방식'의 변화에서 시작되었습니다. 괴베클리 테페에서 AI까지 이어지는 노동의 여정 속에서 백완기 교수님은 인간이 세계를 해석해 온 시야의 전환을 명료하게 보여주고 있습니다.

안과 의사로서 나는 눈이 단순한 감각 기관이 아니라 세계관의 은유임을 매일 확인하고 있습니다. 그렇기에 이 책은 AI 시대의 독자에게 더 넓고 깊은 시야를 열어줄 소중한 안내서가 될 것으로 확신합니다.

_ 기홍석(안과전문의 의학박사,『명화 속의 눈 이야기』저자)

저자는 이집트, 그리스, 튀르키예 등 인류문명의 발상지를 한 달여 간 직접 답사했던 경험을 바탕으로, 인류의 역사 속에서 '일자리'가 어떤 변화를 거쳐왔는지를 되짚어 보며 인간과 일의 관계를 다시 묻는 여정을 이어갑니다. 고대에서 현대, 그리고 미래로 이어지는 일자리의 흐름을 인류 문명의 지층 위에 새롭게 그려낸 매우 독창적이고도 시의적절한 작업이라고 생각합니다.

저자는 과거 노동운동을 비롯해, 국내외 다양한 기업 활동, 대학교수, 일자리 관련 교육기관의 장 등을 거치며, '일자리'를 삶의 중심에서 실천하고 연구해 온 보기 드문 실천적 사상가입니다. 그의 전공인 사회학의 시각과 이러한 실무 경험이 맞물리면서, 그는 끊임없이 '사람과 일의 본질은 무엇인가'라는 질문을 던져 왔고, 그 여정에 저 또한 30여 년 지기로서 함께 고민해 왔습니다. 저자는 저에게 '일자리의 본질'에 대해 질문하고 토론하는 과정에서 금융투자 분야에 매몰되어 있던 제게도 인간의 일과 존재에 대해 새롭게 성찰할 기회를 열어주었습니다.

2년여 전 저자의 두 번째 저서인『일자리 그 위대한 여정』이 출간되던 시점에 등장했던 챗GPT를 필두로 한 AI 기술 활용이 우리 생활에서 급속히 확산되고 있습니다. 저자가 경고한 대로, 실리콘밸리에서조차 'AI 관련 직업'이 AI에 의해 가장 먼저 사라지는 아이러니가 현실이 되었고, 인공지능과 로봇이 결합된 미래는 우리 사회의 일자리 개념을 근본적으로 흔들고 있습니다. 바로 이러한 시대적 전환점에서 이 책은 단순한 일자리 논의를 넘어, 'AI 시대에 노동은 어떻게 존재할 수 있는가', '노동 없는 사회에서 인간은 무엇을 할 수 있는가'라는 근본적인 물음을 던지고, 독자에게 깊은 통찰을 제공합니다.

이 책은 직장인은 물론 진로를 고민하는 청년과 청소년, 그리고 미래 사회의 인간다운 삶을 고민하는 모든 이에게 각자의 일자리와 존재 방식을 다시금 성찰할 기회를 제공하고 있습니다.

_ 박래형(자산관리 컨설팅 AIMS-CO 대표, 前 한국은행 부장, 세계은행 자산운용 컨설턴트)

이 책은 AI가 가져올 노동 · 정치 · 세제 · 교육의 변화를-단순한 미래 전망이 아니라-새로운 문명 설계의 과제로 확장해 내는-보기 드문 저작이다. '일의 의미'를-존엄 · 창의 · 관계의 가치로 재해석함으로써,-기존 노동제도의 구조적 한계를-깊이 있게 성찰하게 만든다.

현장에서 반복되는 갈등과 불평등의 원인을 큰 틀에서 설명해 주어,-기업과 정부, 노동 전문가에게 실질적 방향성과 정책적 기준점을 제시한다. 기술이 아닌 인간 존엄을 중심에 둔 미래 사회 설계라는 점에서,-수많은 AI 담론 사이에서도-독보적인 시각을 갖춘 책이다.

AI 시대 노동과 제도의 재편을 고민하는 사람이라면-반드시 읽어야 할-미래 노동 문명의 핵심 안내서다.

_ 우재원(노무법인 현명 대표 공인노무사)

이 책은 인간의 상상력과 창의력이 노동과 더불어 발전시켜 온 인류의 문명에 대한 신선한 고찰을 바탕으로 이미 도래한 AI가 이끌어 갈 새로운 문명의 시대에 인간의 삶이 나아가야 할 방향을 명쾌하고 긍정적으로 제시한다.

_ 박순호(국립 강릉원주대학교 치의학과 교수)

이 책을 읽다 보면요, 마치 인류 문명을 싹-훑으며 여행을 다녀온 기분입니다. 괴베클리 테페에서 출발해 실리콘밸리까지, 발이 아플 틈이 없어요. 그런데 신기하게도 마지막 장을 덮으면 '아, 내가 왜 일하고 사는지' 딱 감이 옵니다. 웃음도, 깨달음도, 그리고 미래를 향한 작은 용기도 챙겨주는 고마운 책입니다.

_ 강석(방송인, 前 MBC라디오 〈싱글벙글쇼〉 진행자)

차례

▨▨▨▨▨ 1부 문명의 기원과 인간의 노동 ▨▨▨▨▨

돌 위에 신을 세우며,

인간은 비로소 자신을 들여다보기 시작했다.

하늘과 땅 사이에서

스스로의 존재를 묻는 목소리가 울려 퍼졌고,

노동은 단순한 생존을 위한 수단을 넘어,

삶의 의미를 짓는 행위가 되었다.

그 질문과 응답의 반복 속에서

인간은 집단을 이루었고,

문명은 마침내 그 첫 발을 내디뎠다.

1부

문명의 기원과
인간의 노동

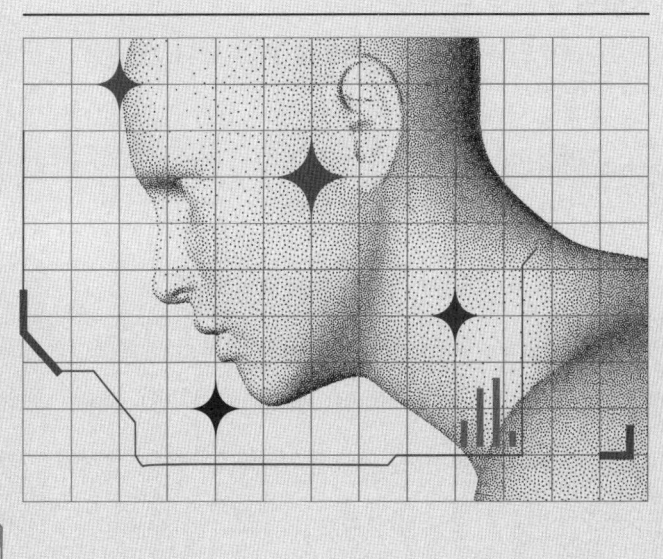

1장

우리는 무엇을 하고 살 것인가?

- 인간, 노동, 그리고 문명

"당신은 지금 무엇을 위해 일하고 있으며, 어떤 삶을 꿈꾸고 있는가?"

일없는 삶은 텅 빈 공간이다

숨은 쉬어도, 일이 없는 삶은 텅 비어 있다. 생존은 가능하겠지만, 삶은 사라진다. 우리는 일을 통해 사회와 연결되고, 자신을 증명하며, 때로는 일 자체에 몰입하여 자신을 잊기도 한다. 하지만 우리가 하는 이 '일'은 과연 스스로 선택한 것일까? 아니면 누군가 짜 놓은 틀 속에서 반복되는 패턴일 뿐일까?

오늘 아침에도 어김없이 눈을 뜬다. 잠자리에 누운 채 시계를 바라보며 '1분만 더…'를 속으로 외쳐보다가, 어느 순간 급히 일어나 출근 준비에 쫓긴다. 그렇게 시작되는 하루. 정해진 시간에 움직이고, 정해진 일을 반복하며 하루를 마무리하는 삶. 이제는 너무도 익숙한 풍경이다.

그러나 이 익숙한 일상은 사실 오래된 삶의 방식이 아니다. 시간 관념은 고작 산업혁명 이후 200여 년 사이에 만들어진 것이다. 시계가 일상을 지배하고, 공장제 노동이 등장하면서 삶의 리듬은 자연에서 시간표로 옮겨졌다. 그 이후 우리는 정해진 시간에 일어나고, 일하고, 퇴근하고, 잠드는 삶을 살아가고 있다.

일의 배분, 선택의 자유로 얻어진 것인가

"스스로 선택했다고 믿지만, 이미 정해진 판 위에서 걷고 있을지도 모른다."

일은 개인의 자유 의지에 의해서 결정되기보다 자격증, 능력, 가문, 운에 따라 결정된다. 대부분 사람은 의지와 무관하게 자신에게 정해진 일을 하며 살아간다. 대학 진학조차 스스로의 꿈이 아니라 사회적 분위기에 휩쓸린 결정일 뿐이다. 이런 삶은 이제 인간 존재의 기본 조건처럼 여겨진다.

하지만 정말 그럴까? 우리는 지금 무엇을 하며 살고 있는가? 그리고 앞으로 우리는 어떻게 일하면서 살아가야 하는가? 이러한 질문을 외면하며 하루하루를 살아가는 것이 과연 잘 사는 길인가? "숨만 쉰다고, 살아 있는 것은 아니다." 자신에게 의미 있는 일을 한다는 것, 그것이 문명의 일원으로 존재하는 조건이다.

연구에 몰두하는 고립된 학자조차 세상과 연결된 존재다. 그는 연구를 통해 세상과 소통하고 자신의 존재 의미를 찾는다.

고립된 인간은 숨만 쉬고 있을 뿐, 진정한 인간의 삶을 살고 있다고 할 수 없다. 완전한 고립은 생존이 아닌 소멸이다. 은둔형 외톨이 현상은 우리 사회의 구조적 실패를 말해준다. 불행하게도 현대 사회에는 이런 사람들이 점점 늘고 있다.일본 내각부 조사에 의하면 2018년 115만명에서 2022년 146만명으로 추정

일본어로 '히키코모리ひきこもり'라고 불리는 이들은 일본뿐 아니라 한국에서도 중요한 사회 문제로 떠오르고 있다. 은둔형 외톨이의 증가는 개인적 성향이 아니라, 사회적·경제적·문화적 복합 요인에 의해 나타나는 현상이라는 것이 다수 학자들의 견해다. 개인은 자신이 속한 문명과 사회가 설정한 틀을 넘어서기는 어려운 존재이다.

무엇을 하며 살 것인가 – 영원한 질문

"무엇을 하며 살 것인가?" 이 물음은 인류가 문명을 시작한 이래 사라진 적이 없다. 직업이 태어나면서 정해지던 시대에도 사람들은 더 나은 삶을 위해 싸웠다. 전쟁터에 나가 공을 세우는 일은 오랜 신분 상승의 경로였다. 사회의 상층부에 진입하면 당사자는 물론 후손에게까지 특권이 세습되었기에, 목숨을 걸만한 일

이었다.

동서양을 막론하고 역사에는 이러한 사례가 차고 넘친다. 한나라 유방과 그의 참모들, 로마 시대 노예 신분에서 황제에 오른 인물들 모두 전쟁을 통해 신분 상승을 이뤘다. 이후 산업혁명으로 신분 상승의 길은 다양해졌다. 사유재산과 이윤 추구가 법적으로 보호받으며, 폭력 이외 방법으로 사회적 상승의 기회가 생긴 것이다.

자본주의는 보다 온순한 방식으로 특권을 추구할 수 있는 사회로 진화했다. 부를 축적하는 과정은 부를 빼앗는 것뿐 아니라, 함께 나누는 방식도 가능해지며, 더 포용적인 사회로 나아갈 수 있게 했다.

그러나 변하지 않는 한 가지 공통점은, 인간은 언제나 서로 연결되어 상호 작용하며 살아간다는 점이다. 혼자 무인도에 떨어진 사람에게 그 섬의 모든 재화는 아무런 의미가 없다. 생존에 필요한 최소한이면 충분하다. 권력의 크기는 집단의 크기와 비례해 왔다. 경쟁이 삶의 일부가 된 지 이미 오래다. 괴베클리 테페에서 시작된 문명은 항상 권력과 연결되었고, 창의성과 자율은 오랜 시간 제한받아 왔다.

산업혁명 이전까지 자산은 언제든지 절대 권력자의 의지에 따라 박탈될 수 있었다. 창의적인 활동을 위한 사유재산의 보장과 안전은 극히 제한적이었다. 영국의 명예혁명과 프랑스혁명 이후, 사유재산을 보호하는 체계가 마련되며 비로소 인간은 창의성과 자율성을 기반으로 일을 선택할 수 있게 되었다. 하지만 여전히 유럽, 북미, 일본, 한국 등 제한된 지역에서만 가능한 현실이다.

이 책은 왜 그렇게 되었는가를 따지는 책은 아니다. 궁금하다면 대런 애쓰모글루와 제임스 로빈슨의 『국가는 왜 실패하는가』를 참고하길 바란다. 이제까지 우리는 '사회에서 무엇을 하면서 살 것인가', 즉 사회적으로 어떤 지위를 획득할 것인가에 가장 큰 관심이었다. 많은 시간과 비용을 들여 명문대에 진학하려는 이유도 결국은 '어떤 일자리, 어떤 지위'를 얻기 위한 수단이다. 대학 입시 제도만을 바꾼다고 해서 사회 구조적인 문제를 해결할 수 없다. 일부의 주장처럼, 모든 지방 국립대를 서울대로 바꾼다고 해도 사교육 문제가 사라지지 않을 것이다. 오히려 국내 사립대들이 미국의 아이비리그처럼 새로운 엘리트 집단으로 부상할 가능성이 크다. 사회에 내재된 문제는 단순한 제도의 개편으로 해결되지 않는다.

한정된 자원과 공간을 두고 경쟁하는 구조에서는, 어느 사회든 유사한 문제로 수렴될 수밖에 없다. 인간의 욕망은 보편적이며, 욕망에 뿌리를 둔 갈등은 결국 닮아 있기 마련이다. 전 세계 사람들이 문화가 다른 국가의 드라마나 영화에 공감하고 열광하는 이

유도 여기에 있다. 사랑, 권력, 돈을 향한 투쟁과 권모술수는 국적을 초월해 누구에게나 익숙한 이야기다.

AI 시대는 무엇이 변할 것인가

이제 세상은 근본적인 전환의 시대로 접어들고 있다. 우리는 지금 산업혁명보다 더 거대한 변화의 소용돌이 속에 있다. 인공지능AI을 중심으로 한 기술 혁신은 단순한 자동화를 넘어, 인간 사고방식 자체에 근본적인 변화를 요구하고 있다. 18세기 산업혁명이 단순한 생산 방식의 변화가 아니었듯, AI 혁명 역시 기술적 진보를 넘어선 문명의 전환이다.

산업혁명은 사실 15세기 르네상스에서 시작된 인간 중심 사고의 결과였다. '신' 중심의 가치관이 인간 중심의 가치관으로 이동하면서, 약 300년에 걸쳐 삶의 양식 전반이 재편되었다. 그러나 이처럼 거대한 변화조차, AI 혁명과 비교하면 인간 삶의 일부만을 바꾼 사건으로 평가될지 모른다. 지금까지 인류가 경험한 가장 근본적인 변화는 신석기 시대 농경의 시작과 18세기 산업혁명 두 가지였으며, 그 사이의 사건들은 문명의 방향을 근본적으로 바꾸지 못했다.

이들 역사적 전환의 공통점은 모두 '경제적 생산 양식의 변화'에서 비롯되었다는 점이다. 생산 방식과 생산량이 바뀌면 사회도

바뀐다. 그 기저에는 언제나 과학과 기술이 자리하고 있었고, 그것이 곧 인간의 삶을 결정해 왔다.

이제는 무엇을 할 것인가도 중요하지만, 어떻게 할 것인가도 중요한 세상이 되었다. "일의 설계가 곧 삶의 설계다." 디테일이 삶의 질을 바꾼다. 같은 직업도 운영 방식과 배려의 정도에 따라 천국과 지옥이 나뉜다. 갈등은 숙명이 아니다. 설계된 노동 환경이 대안을 만든다.

피할 수 없는 갈등이란 없다. 관리자와 노동자의 대립 구조 또한 마찬가지이다. 나라별 직업 만족도 조사를 살펴보면 직업 만족도는 단순히 직업적 지위에 의해서만 결정되지 않는다. 오히려 일의 설계와 운영 방식, 사회 전체의 배려와 세심한 고민이 더 큰 영향을 미친다. 특히 공공 일자리나 사회적 약자를 위한 일자리의 경우, 이러한 고민은 더욱 절실하다.

'어부'가 하고 싶은 일이 되는 순간 – 노르웨이의 바다

KBS 〈세계테마기행〉에서 2023년 11월 7일 노르웨이편이 방영되었다. 노르웨이의 어업 사례는 '같은 노동도 어떻게 설계하느냐'가 사람의 삶을 바꾼다는 걸 보여준다. 3,497톤급 어선은 외관상 유람선처럼 깔끔하며, 선내 숙소는 전원이 1인 1실로 구성되어 있다. 침대, TV, 욕실, 소파는 물론이고 체력단련실, 세탁실,

식당, 휴게 공간까지 갖춰져 있어 크루즈선 못지않은 환경이다.

작업 환경 역시 안전하고 효율적이다. 고등어는 고압 펌프와 호스를 통해 자동으로 배로 인양되고 저장고로 이동되며, 섭씨 -1도에서 +5도 사이의 물에서 신선하게 보관된다. 어부들은 수면과 식사 시간을 자율적으로 조절하며, 기계의 정상 작동 여부를 점검하거나 육지와 연락을 주로 담당한다. 거래 또한 어획 순간에 크기와 중량 정보를 바탕으로 실시간 이루어지고, 하역 과정 역시 전면 자동화되어 항구에 도착해서는 큰 업무가 없다. 유람선 같은 어선, 자동화된 작업, 자율성, 일에 대한 자긍심은 사람을 위한 구조가 만든 기적이다. 고등어를 잡는 노르웨이 어부들은 바다에서 삶의 품격을 건져 올린다.

이는 AI 시대에 우리가 어떤 방식으로 일자리를 만들어가야 할지를 깊이 고민하게 만든다. 물론 이러한 사례는 투자의 결과로 볼 수도 있다. 그러나 단순한 자본 투자가 전부는 아니다. 선원들의 노동 환경과 삶의 만족도를 충분히 고려하지 않았다면, 이처럼 성공적인 결과는 불가능했을 것이다.

사회적 약자를 위한 일자리 역시 마찬가지다. 일자리는 존엄을 설계해야 한다. 단기 지원금이 아니라, 자긍심과 인간적 대우를 포함한 시스템이 진정한 공공 일자리를 만든다. 같은 예산으로도 훨씬 더 나은 결과를 이끌어낼 수 있는 길은 얼마든지 있을 것이다.

일자리가 변하면 삶이 변한다

만약 우리 사회가 이처럼 일하는 방식 자체를 개선해 간다면, 굳이 모두가 사회적으로 높은 지위나 선망받는 직업을 갖기 위해 아등바등하지 않아도 될 것이다. 직업에 따라 사회에서 받는 대우 역시 점차 동등해지고, 서로를 존중하는 개방적이고 포용적인 사회가 실현될 수 있다. 일을 하는 데는 내가 상대방과 대등한 입장에 있다고 느끼는 것이 중요하다. '갑'과 '을'이 명확한 일자리는 좋은 일자리가 될 수 없다.

고등교육이 삶의 질을 결정하지 않는다. 한국은 고등교육 이수율(대학 졸업자 기준)이 70%를 넘는 반면, 북유럽은 40~50%에 불과하다. 그럼에도 이들 국가는 삶의 만족도에서 세계 최상위를 차지하고 있다. 10점 만점 기준으로 북유럽은 평균 7.2점을 기록하는 반면, 한국은 6.5점으로 OECD 36개국 중 33위에 머무르고 있다. 차이를 만드는 것은 사회 구조와 일의 설계에 있다.

그러나 이들 북유럽 국가들이 항상 이렇게 높은 삶의 만족도를 누린 것은 아니다. 제2차 세계대전 직후, 특히 노르딕 3국은 유럽에서도 가장 빈곤한 국가군에 속했으며, 사회 안전망이나 경제 자원, 미래 전망도 밝지 않았다. 하지만 불과 수십 년 만에 놀라운 변화를 이루어냈다. 한국이 '한강의 기적'을 이야기하듯, 이들의 발전 또한 하나의 기적으로 평가받을 만하다.

이런 점은 우리가 어떤 사회를 목표로 설정하고, 그 사회를 어떻게 만들어 가느냐에 따라 우리의 삶이 얼마든지 극적으로 달라질 수 있음을 시사한다. 더구나 지금처럼 기술이 전례 없는 속도로 발전하고 있는 시대에서는, 우리의 의지와 방향이 더욱 중요해진다.

기술은 가치 중립적이다 - 사용이 문제다

기술은 본래 가치 중립적이다. 어떻게 사용하느냐에 따라 '약'도 되고 '독'도 된다. AI 시대에도 이 원칙은 예외가 아니다. 대표적인 사례가 핵 기술이다. 핵분열 기술은 원자폭탄이 될 수도, 원자력 발전소가 될 수도 있다. 핵융합 기술은 수소폭탄이 되기도 하지만, 동시에 인류가 기대하는 '인공 태양'의 근간이 되기도 한다.

DNA 기술 역시 마찬가지다. 이 기술은 생명윤리를 위협하는 수단이 될 수도 있지만, 반대로 인류의 건강과 장수를 실현시켜 줄 미래의 원천 기술이 될 수도 있다. 만약 생명공학 분야에 사회적 규제와 합의가 부재했다면, 유전자 조작 기술은 부유층의 비윤리적인 목적으로 악용되었을 가능성이 높다. 돈의 유혹을 개인

양심만으로 제어하기란 쉽지 않다.

정보통신 기술 역시 마찬가지다. 이 기술은 우리의 삶을 혁신적으로 편리하게 만들어주기도 했지만, 동시에 사회의 분열을 조장하고 부의 양극화를 심화시키는 역할을 하기도 했다.

그 대표적인 사례가 미얀마의 로힝야 사태다. 이는 불교국가인 미얀마에서, 이슬람을 믿는 로힝야족을 차별·박해·학살한 사건이다. 종교 갈등은 역사적으로 흔한 일이지만, 이 사건이 유독 현대 사회에서 주목을 받은 이유는 바로 페이스북의 알고리즘 때문이다.

미얀마는 모바일 망을 이용한 페이스북이 사실상 유일한 정보 전달 매체로 기능하고 있었다. 정부, 군, 종교단체들도 페이스북을 공식 발표 수단으로 활용할 만큼 영향력이 막강했다. 하지만 사건 초기 평화적 해결을 위한 다양한 노력들은 크게 관심을 끌지 못했다. 그와는 반대로 불교 극단주의자들이 퍼뜨린 '로힝야는 테러리스트, 파충류, 침략자' 등의 혐오 게시물과 가짜 뉴스가 순식간에 퍼져나갔다. 이는 페이스북 알고리즘이 자사 이익 극대화를 위해 인간 심리를 자극하는 방향으로 설계되었기 때문이었다. 그 결과는 참혹했다. 이후 페이스북은 사과문을 발표하고 알고리즘을 일부 수정했지만, 이미 70만 명 이상이 희생되고 수십만 명이 난민이 된 뒤였다.

페이스북은 유엔으로부터 인종 청소 조장에 일조했다는 비판을 받고, 여러 국제 인권 단체들은 페이스북을 '폭력 유발 플랫폼'으로 규정하기에 이르렀다.

이러한 현상은 동남아의 어느 개발도상국에서만 벌어지는 일이 아니다. 오늘날 전 세계는 우리나라를 포함해 극심한 정치적 분열과 사회적 갈등에 시달리고 있다. 가짜 뉴스와 증오를 부추기는 자극적인 콘텐츠들이 넘쳐나고, 이를 제작·확산하는 이들이 '유튜버'라는 그럴듯한 명칭으로 수익까지 창출하며 공개적으로 활동하고 있다.

사람들은 무심코 시간을 보내기 위해 유튜브를 켜지만, 유튜브의 알고리즘은 이용자의 성향을 분석하여 자기 확신을 강화하는 방향으로 콘텐츠를 추천한다. 이는 점점 더 자극적이고 극단적인 콘텐츠로 사용자를 유도하게 되며, 결과적으로 편향성과 적대감은 더욱 증폭된다.

기술의 영향력은 앞으로도 우리의 상상을 뛰어넘는 속도로 확대될 것이다. 그런데 아이러니하게도 이러한 기술 사용의 배경은 놀라울 만큼 단순하다. 자사 이익의 극대화, 그 한 가지 목적 때문이다. 소수 경영자들과 주주들의 이익을 위해 반인륜적 콘텐츠가 아무렇지 않게 유통되고 있으며, 그로 인해 야기되는 사회적 불안과 갈등, 천문학적 손실은 결국 일반 시민들 몫으로 돌아간다.

"누구를 위한 소셜 네트워크인가?" 기술에 철학이 필요한 이유이다. 이런 문제는 결코 피할 수 없는 숙명이 아니다. 다만 우리가 손을 놓고 진실을 외면하고 있을 뿐이다.

기술은 선택이다, 운명이 아니다

복제양 '돌리'가 탄생한 이후, 과학자들과 국제 사회는 유전자 조작 기술이 인간에게 악용되지 않도록 규제와 합의를 마련해왔다. 만약 그런 사회적 장치가 없었다면, 유전자 기술은 지금쯤 인류의 존립을 위협하는 수준에 이르렀을지도 모른다.

가까운 미래에는 핵 관련 기술, DNA 기술, 정보통신 기술을 넘어 새로운 기술들이 더욱 강력한 영향력을 가지고 우리 앞에 다가올 것이다. 그중 어떤 기술은 생소하고, 어떤 기술은 지금의 상식을 초월하는 방식으로 인간 문명에 영향을 줄 것이다. 예를 들어, 외계 행성 이주 기술은 이제 막 시작 단계에 불과하다.

우리는 지금 또 하나의 물리학 혁명의 전환점에 와 있다. 1905년 아인슈타인의 '기적의 해', 그리고 1925~27년 양자역학의 황금기가 있은 지 100년이 흐른 지금, 그 시기에 정립된 이론은 오늘날 기술 문명의 토대가 되었다. 지난 100년간 상상하지 못할 속도로 세상을 변화시키는 힘이었다.

최근의 제임스 웹 우주망원경JWST, James Webb Space Telescope과 베라 루빈 천문대는 인류에게 전례 없는 수준의 우주 영상을 제공하고 있으며, 그 과정에서 기존 물리학으로는 설명하기 어려운 새로운 현상들이 관측되고 있다. 지금은 시작일 뿐이다. 우리는 머지않아 현대 물리학의 틀을 넘어서는 새로운 이론의 시대를 맞이하게 될 것이다.

기술의 발전은 더욱 빨라질 것이다. 일단 과학자의 수가 비교할 수 없을 정도로 늘었다. 20세기 초 전 세계 과학자의 수는 10만 명을 넘지 않았으며, 이들 대부분은 유럽과 미국에 집중되어 있었다. 반면, 오늘날 세계의 연구자 수는 1,300만 명 이상, 이 중 물리학자만 120만 명에 이른다. 한국에서도 인구 5천만 명 중 45만 명 이상이 R&D에 종사하고 있다.

기기와 도구 역시 비약적으로 발전했다. 슈퍼컴퓨터, 곧 상용화될 양자컴퓨터는 과거의 어떤 실험 장비보다 강력하다. 이처럼 관측 능력과 이론의 해상도theoretical resolution가 높아진 지금, 과학 발전이 빠르게 느껴지는 것은 어쩌면 과거를 기준으로 세상을 해석하는 우리의 착시일 수 있다.

여전히 풀어야 할 난제들이 있지만 포용적이고 효율적인 사회를 만든다면, 이 발전의 속도는 지금보다 훨씬 더 빨라질 수 있다. 그리고 어느 순간, 우리는 다시 한 번 '인류의 거대한 한 걸음'을 내딛게 될 것이다.

미래 사회에서 기술이 우리에게 미치는 영향은 지금보다 훨씬 커질 것이다. 그리고 하나의 기술이 영향을 미칠 수 있는 사람의 수는 기하급수적으로 증가할 것이다. 더 이상 늦기 전에, AI 기술을 포함한 광범위한 미래 기술의 활용 방식과 그에 따른 사회적 책임에 대해 본격적인 논의를 시작해야 할 시점이다.

특히 한국은 기술 발전 수준과 사회적 관심도, 미래에 대한 열망이 세계 어느 나라보다 높은 나라이다. 지금 우리부터 논의를 시작한다면, 그것이 인류 미래 발전의 초석이 될 수 있다. 동시에, 현재의 사회적 모순이 어떻게 기술 발전을 가로막고 있으며, 때로는 어떻게 기술이 부당하게 활용되고 있는지도 깊이 성찰하고 바로잡아야 한다.

과학기술 발전 → 일자리 변화→정치·경제·사회 발전 → 문명의 고도화 → 삶의 질 향상 → 더 진보된 과학기술발전이 선순환적인 흐름은 유기적으로 연결된 하나의 체계다. 과학기술의 발전이 없었다면, 오늘날 우리가 종사하는 대부분의 일자리는 존재하지 않았을 것이며, 인간에게 자유롭고 안락한 삶을 보장해 주는 기반도 마련되지 못했을 것이다. 문명의 고도화도, 우리가 직면한 환경 위협에 맞서 싸우려는 이상도, 결국 이러한 기술과 사회 구조의 연결 고리 위에서 가능해졌다. 이 모든 것은 결국 우리의 삶의 질을 지키고 향상시키는 데 작용하는 지렛대 역할을 한다.

기술에 대한 이해와 활용은, 앞으로 우리가 어떤 일을 어떻게 하며 살아갈 것인가에 깊이 연결되어 있다. "기술이 사회에 봉사할 것인가, 아니면 사회가 기술에 종속될 것인가?" 이 물음의 답은 우리 손에 달려 있다. 이는 필연적으로 주어진 결과가 아니라, 우리가 선택하고 설계하는 문제다. 지금 우리가 무엇을 선택하느냐에 따라, 후손들에게 물려줄 세상은 유토피아적 이상향이 될 수도 있고, 디스토피아적 감시 사회가 될 수도 있다.

우리가 현재 살아가는 사회는 결코 '필연'으로 이루어진 것이 아니다. 수많은 사람들이 동의하여 만들어낸 결과도 아니며, 단지 주어진 조건과 우연이 겹쳐 지금의 모습에 이른 것이다.

동아프리카 지구대에서 호모 사피엔스가 전 세계로 이주를 시작했던 그 순간을 상상해 보자. 빙하기의 혹독한 환경 속에서, 일부는 살던 터전을 떠나 새로운 땅으로 발걸음을 옮겼다. 그 출발점은 분명한 목적이나 계획이 아닌, 그저 환경과 유전적 특성, 그리고 우연의 조합이었다. 인류 유전자의 '7R 변이체'처럼 새로움을 추구하고 충동성을 띠는 일부 집단이 먼저 움직였다. '7R 변이체' 유전자 보유율은 동쪽으로 갈수록 증가하는 경향을 보인다. 최종적으로 도달한 아마존 유역의 티쿠나, 수루이, 카리티아나 족은 이 변이체를 약 70% 보유하고 있는 것으로 나타난다. 멀리 간 사람들일수록 변이체를 더 많이 가지고 있다는 것이다.

이처럼 우리가 지금 여기 있다는 사실은, 운명도, 계획된 결과도 아닌 단지 환경과 우연의 산물이다. 세상이 '필연'이 아니기 때문에 불안할 이유는 없다. 오히려, 필연이 아니기 때문에 우리는 세상을 바꿀 수 있다.

그렇다면, 지금 우리는 무엇을 어떻게 해야 할까? 혼란스럽고 불확실한 이 시기에, 미국 철학자 조지 산타야나George Santayana는 다음과 같은 통찰을 남겼다.

"미래를 알고 싶다면 과거를 보라."

"Those who cannot remember the past are condemned to repeat it." – George Santayana, The Life of Reason

현대 물리학은 시공간space-time을 이야기한다. 우리가 살아가는 공간은 단순한 3차원이 아니라 시간과 연계된 4차원의 연속체이다. 마찬가지로, 과거의 문명도 단절된 것이 아니라 시간을 통해 지금의 우리와 연결되어 있다. 과거를 들여다보고, 그 속에서 지혜를 얻는 것은 인간만이 할 수 있는 일이다.

인간은 무엇으로 사는가

이제 여정을 시작한다. 과거의 문명을 따라가며, 미래에 대한 통찰을 얻는 길을 걸어보려 한다. 그러나 이 책은 단순한 지적 탐험이 아니다. 그 물음은 나의 삶 속에서 오래전부터 뿌리내려 있었다.

1980년대 군사정권 아래 대학을 다니고 군 복무를 마친 뒤 사회에 발을 내디뎠을 때, 나는 노동조합 활동을 하며 곧장 "노동이란 무엇인가"라는 질문과 맞닥뜨렸다. 그 시절, 노동조합은 곧 '불온 세력'으로 규정되었고, 합법적 절차를 거친 파업조차 불법으로 몰렸다. 나를 포함한 동료 여섯 명이 구속되는 경험은 내게 깊은 상처와 동시에, 노동의 존엄에 대한 강렬한 문제의식을 남겼다.

이후 나는 회사에 돌아가지 못했고, 무역업에 종사하며 여러 나라를 다니게 되었다. 같은 노동이라도 나라와 제도, 문명의 조건에 따라 전혀 다른 대우를 받는 현실을 목격했다. 오늘날 전 세계에서 흔히 볼 수 있는 오토바이 배달 노동만 해도, 한국 · 싱가포르 · 중국 · 태국 · 인도네시아에서 그 보상은 극명하게 갈린다. 그 차이는 우연이 아니라, 사회가 어떤 문명을 세워왔는가에 달려 있다는 사실을 점점 깨달았다.

2019년, 서울시 북부기술교육원 원장으로 일하게 되면서 나는 다시금 기술과 노동의 관계를 성찰할 기회를 얻었다. 교육은 곧 삶의 문을 여는 열쇠였고, 기술은 사람들의 일자리를 넘어 삶의 궤적을 바꾸는 힘이었다. 이런 경험은 서로 다른 시절에 일어났지만, 결국 한 줄기 질문으로 이어졌다. '노동은 무엇인가' 그리고 '인간은 무엇으로 사는가'.

퇴임을 앞두고, 나는 그 질문을 더 깊이 파고들고 싶어졌다. 인간의 노동과 기술, 문명을 결정지은 현장을 직접 발로 밟아보고 싶었던 것이다. 그 답을 찾기 위해 나는 문명의 현장을 직접 밟았다. 괴베클리 테페에서 시작된 여정은 이집트의 석조 기념물, 그리스의 도시국가와 철학, 이슬람 문명과 르네상스, 산업혁명으로 이어졌다. 동양에서는 일본의 메이지 유신이 전통과 근대의 격렬한 충돌을 보여주었고, 한국은 늦게나마 산업화와 민주화를 거쳐 AI 시대의 문턱에 섰다. 한국은 한 세대 만에 민주화와 산업화를 이룩한 세계 유일한 나라가 되었다.

산업화가 인간의 노동을 기계와 결합시켜 생산의 양과 속도를 바꾸었다면, 20세기 후반 IT 혁명은 노동의 무대를 공장과 사무실에서 네트워크와 데이터 공간으로 옮겨 놓았다. 컴퓨터와 인터넷, 스마트폰은 일의 방식 자체를 다시 설계했고, 인간은 더 이상 육체적 노동자만이 아니라 정보와 지식의 노동자로 살아가게 되었다.

이제 도래한 AI 혁명은 그 흐름의 또 다른 도약점이다. AI는 단순히 인간의 일을 대신하는 기술을 넘어, '일의 의미' 자체를 바

현대 HMGMA vs 샤오미 EV 공장 vs 도요타 과나후아토 공장

항목	현대 HMGMA	샤오미 EV 공장 - 베이징	도요타 TMMGT 멕시코
위치	• 미국 조지아주 엘라벨	• 중국 베이징 이즈황	• 멕시코과나후아토주, 아파세오엘 그란데
가동 시점	• 2024년 10월 시범 가동 → 본격 가동 예정	• 1단계: 2023 - 2024년 / 2단계진행 중	• 2019년 12월부터 가동 중
생산 품목	• Ioniq 5 (2025 - 현재) • Ioniq 9 (2026 - 예정) • Kia 및 Genesis 전기차 생산 계획 중	• 전기차 • SU7 YU7 (2024 - 현재) • YU9 출시 예정	• 픽업 트럭 'Toyota Tacoma'
연간 생산능력	• 초기: 300,000대 / 목표: 500,000대	• 1단계: 150,000대 / 목표:300,000대	• 약 100,000대
자동화 수준	• AI · 자율 로봇 · IoT 기반	• '다크 팩토리' 지향, 고도자동화 + AI 품질 관리	• TNGA 기반 생산, 자동화 도입
종업원 수	• 현재: 약 1,250명 • 향후 8,000명까지 증원예정	• 생산직: 500명 • R&D: 1,000명 증원불필요	• 약 1,764명 • 생산확대시 증원필요
추가 모델 대응 유연성	• 소프트웨어 정의 공장, 유연성 : 가장 높음	• 자사 EV 플랫폼 내에서는 빠른 대응, 유연성 : 중간	• 픽업 트럭 전용 최적화 유연성 : 가장 낮음
대표차량 비교	• Ioniq 5 N $67,800 • 약 91,530,000 원	• SU7 MAX $41,500 • 약 ₩57,800,000	• Toyota Tacoma TRD Pro $63,745 • 약 86,056,000 원
대표차량 특징비교	• 고성능 EV: 3.2초 가속, AWD 기반 강력한 토크와 출력 제공. • 운전 감성 극대화된 EV: 드리프트 모드, 가상 엔진음 등으로 드라이빙 경험 강조.	• 가장 빠른 가속 및 높은 전력: 2.78초 • 장거리 주행 가능성: 약800km 주행. • 첨단 기술 집약: 800V 고속 충전, 하이퍼포먼스 EV 중 가격 대비 성능 우수.	• 다목적 실용 차량: 픽업 트럭, 하이브리드 파워트레인, AWD. 가속보다는 오프로드 및 견인 성능에 중점. • 실용성과 하드웨어 중심.

꾸고 있다. 산업혁명이 '시간표에 묶인 인간'을 만들었다면, AI 시대는 '일에서 해방된 인간'을 시험대에 올리고 있다.

노동의 의미는 언제나 문명에 따라 달라져 왔다. 괴베클리 테페의 공유경제 노동, 이집트의 영원을 쌓는 노동, 그리스의 사유와 예술 속 노동, 이슬람의 신성화된 노동, 산업혁명의 기계와 결합한 노동, IT 혁명으로 정보화된 노동. 그리고 지금, 우리는 그 모든 흐름을 넘어서는 가장 중요한 전환점, AI 시대 도래를 목도하고 있다. 이 거대한 변화의 한복판에서, '일'의 의미는 어떻게 달라지고 있을까? 다음의 비교는 그 질문에 대한 하나의 단서다.

세 공장의 비교는 곧 노동의 미래가 '자동화냐/고용이냐'의 문제를 넘어, '어떤 설계 철학을 갖고 있느냐'의 문제라는 점을 보여준다. 표에서 보여주는 바와 같이 한때 세계 최고를 자랑하던 일본식 생산 방식 TNGA는 AI · 소프트웨어, 정의, 공장 · 자율화라는 새로운 표준 앞에서 서서히 저물어 가고 있다. 중국 샤오미 공장이 보여주는 것은 이제 더 이상 사람의 노동이 필요없는 세계가 되고 있음을 알리는 신호탄이다. 생산직 500명도 사실 꼭 필요한 인원이 아니라 선제적으로 채용한 인원일 뿐이다. 생산하는 차량의 가격은 가장 저렴하지만 성능은 테슬라 최고급 사양과 비교하여 전혀 떨어지지 않는다. 현대자동차 공장 역시 필수적으로 필요한 노동자가 아니라 미국의 일자리 창출 요구에 맞추기 위한 인원일 뿐이다.

인간이 어떤 일을 선택하고, 또 어떻게 그 일을 설계하느냐가 문명의 다음 단계를 가를 것이다. 이 책은 바로 그 여정의 기록이 자, 나 자신이 오래도록 붙들어온 질문에 대한 응답이다.

일의 의미는 역사의 흐름에 따라 계속 변화하여 왔다. 이 책의 제1부는 인류 문명의 첫걸음은 괴베클리 테페에서 시작된다. 신을 향한 상상력은 메소포타미아의 강가에서 꽃피었고, 그 흐름 은 이집트의 피라미드와 신전, 그리고 그리스의 도시국가로 이어 졌다. 이집트는 인간 노동이 집약된 거대한 건축의 문명이다. 사막 위 수천 년을 견뎌낸 피라미드와 신전은 오늘날에도 보는 이에게 경이로움을 불러일으킨다. 이집트는 레반트를 매개로 메소포타미아와 교류했고, 지중해를 사이에 두고 그리스 문명에 영향을 미쳤다.그리스는 이집트와 메소포타미아로부터 지혜를 받아 들였지만, 인간을 중심에 두는 새로운 사유의 세계를 열었다. 철학, 민주주의, 비극과 예술은 노동을 단순한 생존 수단이 아니라 자유와 성찰, 공동체적 삶을 가능하게 하는 행위로 바꾸어 놓았다. 괴베클리 테페의 신전, 이집트의 영원한 건축, 그리스의 사유와 예술. 이 세 축을 따라가며 고대 문명에서 노동의 의미가 어떻게 확장되었는지를 살펴보는 길은 지적이면서도 아름다운 여정이었다.

제2부는 이슬람과 르네상스를 알아보고자 했다. 이슬람이 고대의 지혜를 보존하고 확장하지 않았다면, 유럽 르네상스의 빛은 한층 약했을지도 모른다. 서구 기독교 문명은 실은 이슬람 문명에 큰 빚을 지고 있다. 문명은 단절이 아니라 계승과 전환 속에서 빛을 이어간다는 사실을 여기서 확인할 수 있다.

3부는 산업혁명과 이후 만들어진 세계 질서를 알아본다. 산업혁명은 영국에서 시작해 대서양을 건너 미국으로 건너갔다. 이어 서구 바깥에서는 최초로 일본이 산업혁명을 받아들여 국가 개조에 성공했다. 일본은 한국에 가깝고도 먼 나라다. 수천 년의 교류와 갈등, 애증이 얽혀 있는 이웃이자 비교의 거울이다. 3부에서는 증기와 철, 전기와 기계가 인간의 노동을 어떻게 새롭게 규정했는지를 살펴본다.

제4부는 오늘날 우리가 맞이하고 있는 AI라는 거대한 문명적 전환기를 생각해 본다. 이는 단순히 컴퓨터가 인간 노동을 대신하는 시대가 아니다. 미국과 중국이 양강 구도를 이루며 AI 패권을 다투는 가운데, 한국은 스스로의 길을 모색해야 한다. 역동성과 도전정신을 바탕으로, 한국은 다시 한번 기회의 문턱에 서 있다. 비록 험난한 과정이 예상되지만, 왜 한국이 새로운 시대 세계에 희망의 메시지를 던질 수 있는 나라인지 왜 새로운 시대를 향한 잠재력이 한국에 있는지 객관적으로 유추해 본다.

마지막 장에서는 필자가 AI 시대를 살아가는 한 사람으로서, 새로운 사회를 향해 어떤 변화가 필요한지를 고민한 흔적을 정리한다. 노동과 문명, 기술과 인간의 의미를 다시 묻는 사유의 여정은 여기서 한 차례 결론을 맺지만, 동시에 독자들에게 또 다른 질문을 던지며 열려 있는 미래를 향해 나아간다.

2장

괴베클리 테페
– 신을 만든 상상력, 문명의 첫걸음

"처음에는 정착지도, 농업도 없었지만 신전은 먼저 있었다." – 유발 하라리
"상상력이 문명을 낳았다." – 윌리엄 블레이크

아나톨리아 고원의 아침. 돌기둥들이 천천히 빛을 머금는다. 도시도 없고, 농사도 없던 시절. 하지만 사람들은 먼저 신전을 세우고, 함께 모여 의미를 만들었다. 인류 문명의 시작은 생존이 아니라 상상과 의례였다. 그 신비로운 시작의 장소, 괴베클리 테페.

샨리우르파 – 문명의 흔적을 품은 땅

터키 이스탄불 공항에서 동쪽으로 약 2시간을 비행하면, 하늘에서 만년설처럼 하얗게 펼쳐진 장대한 산맥을 만날 수 있다. 높이 2,134m의 네므르트 산Nemrut Dağı이다. 산 정상에는 유네스코 세계문화유산으로 지정된 헬레니즘과 페르시아 문화가 융합된 콤마게네 왕국Kingdom of Commagene의 거대한 석상들이 하늘을 향해 서 있다. 이곳은 동서 문명이 만난 교차점이었다.

비행기는 설산을 지나 하강을 시작하고, 이윽고 터키 동부의

중심 도시 샨리우르파Sanliurfa의 공항에 도착한다. 인구 약 230만의 이 도시는 로컬 공항이지만 현대적으로 잘 정비되어 있다. 공항에서 시내로 향하는 길가에는 초봄의 차가운 바람에 흔들리는 피스타치오 나무들이 여행객을 맞이한다.

샨리우르파는 아나톨리아 고원의 동남쪽 끝, 역사적 격변을 겪어온 땅이다. 남쪽으로 약 45km 떨어진 하란 평야Harran Ovası는 고대 메소포타미아 문명의 일부였던 곳으로, 샨리우르파 자체도 인류 최초의 도시 문명과 깊이 얽혀 있다. 이곳에 바로 우리가 향할 괴베클리 테페Gobekli Tepe가 있다.

괴베클리 테페에서 바라다 본 주변전경-완만한 구릉지대와 그 너머 광활한 평야지대가 보인다. 오늘날도 고급 주거지는 '조망'과 '언덕 위 위치'로 높은 가치를 인정받는다. 대표적인 예가 LA의 베벌리힐스로 완만한 언덕에 위치한다. 국내 유명한 아파트 건설사 브래드명도 힐스테이트가 있다.

괴베클리 테페 – 최초의 신전

샨리우르파 시내에서 괴베클리 테페로 가는 길은 광활한 평야를 가로지른 후, 완만한 곡선을 따라 언덕 위로 이어진다. 언덕에 오르면 사방이 탁 트인 전경이 눈앞에 펼쳐진다.

약 11,000년 전, 괴베클리 테페가 처음 만들어질 무렵 이 지역이 숲으로 덮여 있었는지, 지금처럼 멀리까지 조망할 수 있었는지는 알 수 없다. 그러나 신을 모시는 장소가 높은 곳에 자리했다는 점은 여러 문명에서 공통적으로 발견되는 특징이다.

고고학자 로버트 브레이드우드는 '힐리 프랭크Hilly Flanks'[1] 이론에서, 티그리스·유프라테스 상류의 산록이 농경 초기의 이상적 조건을 갖추었다고 설명했다. 야생 밀과 보리가 자라고 염소와 양이 서식하는 환경, 그리고 밤하늘의 별은 인간의 상상력을 자극했다. 괴베클리 테페가 자리한 언덕은 방어뿐 아니라 상징적 지위를 부여했으며, 미케네 왕궁처럼 멀리까지 조망할 수 있는 곳에 세워졌다. '최초의 신전'이 들어서기에 더없이 적합한 조건이다.

---

1. 힐리 프랭크 이론: 농업의 시작이 평야가 아닌 야생밀, 보리, 콩, 염소, 양 등이 풍부한 구릉지대에서 시작되었다는 이론. 즉 농업이 환경적 압박이 아니라 인간의 문화적·지식적 진화(cultural progress)의 결과로 보는 것으로 위치는 티그리스강과 유프라테스강의 상류지역인 쿠르디스탄, 자그로스 산맥, 동남 튀르키예, 북이란 일대 지역을 발굴하며 세운 이론.

문명 전야 – 먹거리와 상상력

괴베클리 테페를 만든 이들은 아직 본격 농경을 시작하지 않았지만, 야생 곡물의 성장 주기와 재생산을 이해하고 있었다. '나투피안 문화Natufian Culture'가 보여주는 삶의 양식과도 일치한다. 나투피안 문화는 정착 또는 반 정착생활을 한 것으로 여겨지는 수렵채집 사회로서 인류가 수렵·채집에서 농경으로 넘어가는 과도기를 대표하는 선사시대 문화다. 이는 후대 농경 사회의 토대가 된다.

괴베클리 테페의 중요성은, 공동체가 협력해 '의례 공간'을 만들었다는 사실이다. 이는 이미 공유된 상상력과 신에 대한 개념, 나아가 집단적 목적 의식이 존재했음을 암시한다. 인류는 생존을 넘어 이미 '의미'를 추구하고 있었다.

상상과 의례를 가능하게 한 기반에는 '먹거리의 안정'이 있었다. 괴베클리 테페의 사람들은 계절마다 돌아오는 야생 곡물과 사냥감을 예측하고, 이를 확보하는 지식을 지니고 있었다. 이 안정이 생존 외의 시간을 만들어주었고, 그 여유가 공동의 신전 건설로 이어졌다. 인류 최초의 '일자리'는 먹거리를 얻는 일이었지만, 그 과정을 넘어선 순간 건축·예술·제례라는 새로운 역할이 태어났다.

이렇듯 괴베클리 테페는 단지 오래된 유적이 아니다. 그것은 문명의 탄생지이자, 인류가 '함께' 살아가며, '함께' 의미를 만들어가기 시작한 첫 무대이다. 농업이나 도시 이전에 먼저 등장한 '의례의 공간'은, 우리가 누구이며 어디에서 왔는지를 알려주는 지표와 같다.

입구에서 신전으로 가는 길에 바라다본 괴베클리 테페 신전. 유적 보호를 위해 둥근지붕을 설치해 놓았다. 완만한 경사의 초지를 지나 나무가 거의 자라지 않는 황량한 언덕을 오르면 멀리 신전이 보이기 시작한다. 신전은 언덕 정상 부근에 위치해 있으며, 현재는 자연 훼손을 막기 위해 설치된 거대한 보호 지붕 아래 보존되어 있다.

괴베클리 신전 전경. 이런 형태의 신전이 4개 발굴되어 있으며 탐사 결과 16개 이상 추가로 있는 것으로 추정된다.

신전, 아름다움을 품다

괴베클리 테페의 신전 구조는 매우 독특하다. 하나의 신전은 높이 5~6미터, 무게 10톤이 넘는 거대한 T자형 석주 두 개를 중심으로, 그 주변을 비교적 작은 T자형 기둥들이 반원형으로 둘러싸고 있는 구조다. 이 T자형 석주에는 인간의 형상이 정교하게 조각되어 있는데, 이는 인간이 신을 창조했으며, 신은 인간의 상상에서 비롯된 존재였음을 상징적으로 보여준다.

기둥과 주변 석재에는 여우, 멧돼지, 독수리, 전갈 등 다양한 동물과 추상 기호들이 정교하게 새겨져 있다. 이 조각들은 원시 토템 신앙의 흔적으로 해석되며, 동시에 고도로 발달한 조형 감각과 기술력을 보여준다. 그 수준은 현대 미술 작품이라 해도 손색이 없을 만큼 정교하며, 본격적인 신석기 시대가 열리기 이전

신전을 구성하는 석주에 새겨져 있는 큰 고양이과 동물 '표범'으로 여겨진다. 뒤에 보이는 석주에는 멧돼지 등이 새겨져 있으며 이런 동물들은 신과 인간의 매개체로 여겨졌다.

이라는 점을 고려하면 더욱 놀랍다. 이미 이 시기에는 돌 조각에 능한 예술적 감각과 과학적 지식을 겸비한 전문 기술자들이 존재했음을 보여준다.

노동과 협력의 증거

문명은 기술과 노동의 집약체다. 괴베클리 테페의 신전은 수백 명의 노동력을 필요로 하는 대규모 공사였다. 단순한 노동력뿐만 아니라, 거대한 석재를 깎고 옮기고, 계획된 위치에 정확히 세우기 위한 기술, 지식, 그리고 정교한 협력이 필요했을 것이다. 이러한 작업은 복잡한 사회 조직과 협동 체계 없이는 결코 이룰 수 없다.

일부 신전은 사용 후 의도적으로 매몰되고, 그 옆에 새 신전이 세워졌다. 이는 '주기'와 '시간' 개념이 존재했음을 시사한다. '주기'와 '시간'의 발명은 농경의 기반이 되는 중요한 지식이다. 성공한 문명의 공통점은 하늘을 보면서 시간의 흐름을 추적했다는 것이다. 고대 문명에서 왜 천문학이 중요한 위치를 차지하는가는 이때 이미 시작되었다고 할 수 있다.

흥미롭게도 신전 주변에서는 영구 취락 흔적이 발견되지 않았다. 사람들은 제례 시기에 모여 의식을 치르고 다시 흩어졌다. 이런 행동은 오늘날까지 여러 종교에서 순례의 형식으로 남아 있다.

기존 문명 기원설을 뒤집다

1963년 처음 발견된 괴베클리 테페는 한동안 주목받지 못했다. 그러나 독일 고고학자 클라우스 슈미트의 발굴과 방사성탄소 연대측정 결과는 학계를 뒤흔들었다. 방사성 탄소 연대 측정을 통해 이 유적이 기원전 9600년경에 건설된 것임이 밝혀지자, 전 세계 고고학계는 큰 충격에 빠졌다. 기존 학설은 '수렵·채집 생활 – 야생 곡물의 효용성을 인식 – 촌락형성 – 농경시작 – 도시 건설 – 종교 발생' 순이었다. 하지만 괴베클리 테페는 종교가 농경보다 앞섰음을 보여준다. 인류는 먼저 '신'을 상상했고, 그 신을 위해 함께 협력하여 거대한 신전을 건설했다는 것이다. 수렵채집 시대 거대한 신전은 단일 집단보통 20~30명 정도의 힘만으로 불가능했고, 여러 그룹이 협력했음을 말해준다. 이 역시 기존 역사 인식과는 다른 지점이다. 기존에는 수렵·채집 시대를 '생존을 위한 치열한 투쟁의 시기'로 간주했지만, 괴베클리 테페는 그 반대의 증거를 제공한다. 신전 건설에는 협력과 신뢰, 상호 평화적 관계가 필수 조건이다. 이는 인류가 문명을 세우기 이전부터 이미 고도의 사회적 상호작용과 집단적 신념 체계를 갖고 있었음을 보여준다. 생존 경쟁보다 평화와 신뢰, 집단 신념이 더 강력한 동력이었다.

2018년, 괴베클리 테페는 유네스코 세계문화유산으로 등재되며 일반 대중에게도 널리 알려지기 시작했다.

무소유의 풍요 속에서 활짝 핀 상상력

신전은 최고의 가치를 가진 건축물이었다. 하지만 괴베클리 테페는 특정 집단의 소유가 아니었다. 신전은 공유 자산이었다. 수렵·채집 경제에서는 재산 축적이 어렵고, 자원은 공동 분배가 원칙이었다. 인류 최초의 위대한 창조물은 사유가 아니라 '공유'의 산물이었다.

신전 건설에 필요한 자원과 도구는 어떤 특정인의 소유물이 아니었고, 참여한 이들 각자가 자신의 재능과 자원을 자발적으로 제공해 공동으로 건설한 결과물이었다. 신전 건설을 위한 자원도 누군가의 사적 재산일 수 없었다. 식량 역시 공동 분배가 전제였고, 특정인이 도구나 자원을 독점할 수 있는 구조도 아니었다. 오늘날에도 여전히 수렵·채집으로 살아가는 일부 공동체를 보면, 사유재산의 개념은 매우 제한적이다. 그들의 주요 자산은 채집지, 사냥터, 천렵지川獵地와 같은 공동의 자원이며, 물리적 소유물은 단출한 개인 도구나 물품에 불과하다.

사유재산이 인간의 창의성을 자극하는 유일한 방안이라고 주장하는 사람들도 있지만 그렇지 않다는 것을 괴베클리 테페는 보여준다. 인간의 문명은 협력과 상상, 공유 속에서 시작되었다. 그렇기에 사유재산이 중심이 된 세상이 절대적인 것이 아니다. 충분히 다른 방식의 세상을 상상하는 일이 결코 비현실적인 것이 아님을 괴베클리 테페는 말하고 있다.

'서로를 존중하고, 타인의 존재를 나만큼 소중히 여기며, 모두가 창의성을 발휘할 수 있는 환경'을 어떻게 만들어갈 것인가, 이것이야말로 우리가 AI 시대 맞닥뜨린 가장 중요한 도전 과제다.

문명의 뿌리 '상상력'

윌리엄 블레이크는 "상상력이 인류 문명의 원동력"이라 했고, 유발 하라리는 이를 '공동의 허구를 믿는 능력'으로 표현했다. 괴베클리 테페는 이 말을 실감하게 한다. 신전 건설은 생존에 필수적이지 않았음에도, 사람들은 수십 년간 힘을 모았다. 그들의 삶은 절박함만으로는 설명할 수 없는 풍요와 여유를 지니고 있었고, 사유재산 제도 없이도 안정적인 생활을 누렸다. 수렵·채집 사회는 결코 단순한 생존의 연장이 아니었으며, 정신적 풍요와 집단적 상상력을 바탕으로 이미 문명의 씨앗을 품고 있었다.

그 시대의 '일'은 오늘날처럼 생계와 여가, 노동과 휴식이 구분되지 않았다. 먹을 것을 구하는 사냥, 도구를 만드는 일, 신전을 세우는 모든 행위가 하나로 이어져 있었다. 그것은 누군가의 명령이나 강요가 아니라, 스스로 선택하고 기꺼이 나선 일이었다.

생존을 넘어, 함께 살아가는 공동체를 지키고, 보이지 않는 신성한 질서를 유지하려는 열망이 그 중심에 있었다.

돌을 세우는 노동은 고단했지만, 그 속에는 기쁨과 자부심이 있었다. 같은 돌을 붙잡은 손길이 서로의 체온을 느끼고, 그 무게를 함께 견디며 사람들은 자신이 '우리'라는 이름의 일부임을 확인했다. 그들의 노동은 개인의 이익이 아니라, 공동체가 존재한다는 증거였고, 자연과 신을 이어주는 다리였다. 당시 뚜렷한 직업 개념은 없었을지라도, 지식이나 기술이 뛰어난 장인들이 존재했을 가능성은 크다. 하지만 사회적 계층 분화는 아직 본격적으로 이루어지지 않았고, 지도자들은 군림하는 지배자라기보다 생존과 안녕을 책임지는 가부장적 존재였을 것이다.

오늘날의 일은 대개 경제적 보상과 생산성의 틀 안에서 평가된다. 그러나 괴베클리 테페 시대의 노동은 곧 삶 그 자체였다. 사냥과 건설, 제례와 축제 사이에는 경계가 없었고, 모든 일이 공동체의 영혼을 지탱하는 토대였다. 그 안에는 서로를 돌보고 더불어 살아가려는 열망이 스며 있었다. 노동은 누군가의 지시에 따른 의무가 아니라, 공동체 전체가 신을 기리는 축제였다. 돌기둥을 세우는 힘든 노동은 곧 신과 인간, 그리고 사람과 사람을 이어주는 의례였다.

문명의 시작은 거창하지 않았다. 보이지 않는 것을 믿고, 그것을 형상화하며, 함께 만든 신전 하나에서부터 시작되었다. 그리고 그 안에는 인류가 지금도 잃지 말아야 할 중요한 원형, 협력, 상상력, 그리고 공유의 가치가 오롯이 담겨 있다. '일'의 기원은 생존이 아니라 의미였다. 괴베클리 테페는 새로운 시대 앞에 선 우리에게 다시 조용히 묻고 있다.

"당신는 오늘 무엇을 위해 일하는가?"

1만 년을 건너 온 울림

괴베클리 테페의 삶은 약 3,000년 동안 이어졌다. 제례가 없는 날이면 사람들은 흩어져 사냥과 채집을 하다가 다시 신전으로 돌아왔다. 그곳에서 신을 섬기고, 다른 집단과 교류하며 축제를 즐겼다. 사회적 계층은 뚜렷하지 않았고, 지도자는 지배자라기보다 보호자에 가까웠다. 그 시작은 '무소유의 풍요'였고, 그 기반은 '상상과 공유'였다.

그러나 아이러니하게도 농경이 시작되고 저장 기술이 발달하자, 먹거리는 더 이상 누구에게나 열려 있는 자원이 아니게 되었다. 정착은 소유 개념을 급격히 발달시켰고, 삶의 주요 목표를 무언가를 '갖는 것'으로 바꾸어 놓았다. 희소성은 곧 권력을 상징하게 되었고, 생산과 분배를 관리하는 과정에서 새로운 직업과 역할이 생겨났다. 한때 공동체를 지탱하던 협동의 힘은 때로는 정복과 지배의 도구로 변질되었고, 때로는 효율성과 생산성을 추구하는 원동력이 되었다. 계급과 불평등이 자리 잡기 시작했고, 사회와 노동의 구조는 점점 더 복잡해졌다. 불평등을 바로잡으려는 시도는 언제나 또 다른 형태의 노동과 직업을 낳았다. 그 시절의 일은 생존·축제·신앙이 한 흐름 속에 있었지만, 오늘날의 일은 대체로 생계와 경쟁 속에 갇혀 있다. 굶주림 앞에서 품위를 지키기는 어려웠다. 그러나 먼 길을 돌아온 인류는 이제, 오랜 결핍의 굴레를 벗어날 수 있는 문명의 문턱에 서 있다.

괴베클리 테페에서 시작된 '신'을 향한 상상력은 세월이 흐르며 돈, 국가, 인권, 기업, 윤리, 법과 제도로 확장되었다. 상부 메소포타미아에서 타오른 이 불씨는 메소포타미아·이집트·그리스·로마를 거쳐, 그리스 문명을 계승한 이슬람 세계와 르네상스를 지나, 마침내 산업혁명이라는 거대한 변곡점에 이르렀다. 산업혁명은 단순히 생산 속도를 높이는 데 그치지 않고, 우리의 시간 감각과 노동 구조, 그리고 일상의 모든 결을 바꾸어 놓았다.

오늘날 우리가 살아가는 하루의 리듬, 직업의 형태, 사회를 지탱하는 제도는 모두 이 장대한 여정의 연장선에 있다. 그리고 그 모든 출발점에는, 언덕 위에 세워진 거대한 석주들이 있다. 괴베클리 테페는 1만 년의 시간을 건너, 여전히 우리 곁에서 숨 쉬고 있다.

샨리우르파 박물관과 성스러운 물고기 연못 전설

괴베클리 테페를 이해하기 위해 유적지를 직접 관람하는 것은 중요하다. 하지만 유적 보호를 위해 유적에 가깝게 접근하는 것이 불가능하여 아쉬움이 많이 남는다. 이를 보완하는 좋은 방법은 샨리우르파 시내에 있는 샨리우르파 고고학 박물관을 관람하는 것이다. 괴베클리 테페를 쉽게 이해할 수 있도록 실물 크기의 신전을 재현해 놓아 가까운 거리에서 신전을 세세하게 관찰할 수 있다. 신전의 기둥 뿐만아니라 기둥에 새겨진 여러 문양들도 자세히 살필 수 있다. 신전의 중심에 서 볼 수도 있어 괴베클리 테페인들의 제의도 간적적으로 경험해 볼 수 있다.

박물관에는 이와 별도로 세계에서 가장 오래된 실물 크기 인간 조각상 '우르파 맨urfa man'도 전시되어 있다. 우르파 맨은 약 1.8m 크기로 기원전 약 9300년~8700년 경 제작된 것으로 추정된다. 깊게 파인 눈구멍 안에 검은 흑요석 조각을 삽입해 놓아 흑요석 눈이 빛나는 모습이 인상적이다. 두 손으로 다소곳이 가린 성기 부분과 가슴 부분의 V자 장식으로 보아 신석기 시대 종교 의식의 상징물로 여겨진다.

그 외 전시실에는 아시리아, 바빌로니아, 히타이트, 헬레니즘, 로마, 비잔틴, 이슬람 시대 유물까지 전시되어 있어 샨리우르파의 역사성을 잘 보여주고 있다. 또한 고고학 박물관 옆에 위치한

우르파 맨. 깊게 패인 눈이 신비로움을 더 해준다.

모자이크박물관 여전사. 그리스 신화의 바다 요정인 님프 (네레이드, Nereid) 중 한 명을 나타낸 작품.

모자이크 박물관에는 로마 시대 아마존 여전사 전투 장면을 묘사한 모자이크가 잘 보존되어 있어 로마 시대 모자이크 문화를 잘 보여준다.

샨리우르파는 박물관 이외 시내를 한눈에 조망할 수 있는 성벽도 오를만한 가치가 있다. 성벽은 고대부터 샨리우르파 시가 전략적으로 중요한 도시였음을 잘 보여준다.

이 성은 아시리아, 로마, 비잔틴, 아랍, 오스만까지 다양한 세력들이 이 도시를 지배했음을 나타내는 역사가 켜켜이 쌓여 있다. 성벽 아래에는 발리클르 괴르라고 불리는 성스러운 물고기 연못holy fish lake과 맞닿아 있다. 구약과 꾸란에는 이 연못이 우상

숭배를 거부한 아브라함과 관련 있는 이야기가 전해져 온다. 아브라함이 우상숭배를 거부하자 메소포타미아 폭군 니므롯nimrod이 아브라함을 불구덩에 던진다. 하지만 하나님알라께서 기적을 일으켜 불은 물로, 장작은 물고기로 변하게 했다는 것이다. 지금도 맑은 물이 흐르는 이곳에는 사람들을 무서워하지 않는 잉어들이 수천마리 살고 있어 사람들의 사랑을 받고 있다.

이 연못 한 편에는 아브라함이 태어났다고 전해지는 아브라함 동굴이 있어 순례자들의 발길이 끊이지 않는다. 이 호수 주변은 공원으로 잘 가꾸어져 있다. 휴일에는 가족단위 시민들이 이곳을 방문하여 물고기 먹이를 주고 평화로운 시간을 즐긴다.

여행객들에게도 시민들과 함께 여행의 감흥을 느끼기에도 좋은 장소로 사랑받고 있다. 특히 오후에 나무들 사이로 내리쬐는 햇살을 받으며 튀르키예에 차이를 한잔하는 것은 아름다운 여행의 추억으로 남기에 부족함이 없다.

괴베클리 테페에서 출발한 상상력은 단 하나의 길로 향해 나아간 것이 아니라, 수많은 방향으로 흐르며 다양하게 전개되었다. 메소포타미아, 이집트, 그리스로 이어진 고대 문명들은 오늘날에도 우리에게 영감을 준다. 찬란했던 문명들은 서로 다른 상상력의 결실을 보여준다.

3장

이집트
– 영원을 건축한 사람들, 기억을 돌에 새기다

불멸을 향한 거대한 도전, 불가사의를 짓다.

나일강의 물안개 사이로 태양이 솟아오른다. 그 강 위에는 수천 년을 견디며 살아남은 피라미드와 신전이 있다. 무엇이 한 사회를 이토록 오래 지속되게 만들 수 있었을까? 이집트인들은 인간의 유한성을 넘어서는 영원의 구조를 꿈꿨다.

모래에 지어진 세계관문 – 카이로 공항

나는 카이로 공항에 내렸다. 활주로를 벗어나면 곧 모래 위에 세워진 공항이 나타난다. 3월에서 5월 사이에는 강력한 샌드스톰 Sandstorm이 발생해 항공편에 영향을 주는 경우도 있다지만, 도착한 날은 고요했다. 공항을 나서면 수십 명의 호객꾼이 모여든다. 짧은 흥정 끝에 택시가 정해진다. 오늘의 카이로 공항은 현대적인 혼돈상태지만, 그 뿌리는 한때 세계에서 가장 세련된 문명에 닿아 있다. 사람들의 재치와 눈치, 환경이 길러낸 생존 감각은 그 오래된 문명성의 잔향일지도 모른다.인간은 누구나 자신이 속한 사회적·문화적 환경에 맞추어 살아간다. 정직한 사람, 이기적인 사람, 지혜로운 사람의 비율은 어느 나라든 비슷하다. 단지 그들이 처한 사회가 사람의 성향을 다르게 만들 뿐이다. 우리가 유전자의 영향을 크게 생각하지만, 사실 유전자는 주어진 환경에 맞추어 행동을 강화할 뿐, 그 자체가 인간의 모든 행동을 결정하지는 않는다.

영원을 향한 문명 - 피라미드, 파라오, 그리고 불멸의 상징들

피라미드, 스핑크스, 왕들의 무덤과 신전 - 이집트 문명은 '영원을 건축한 문명'이다. 여기서 영원은 단순한 시간의 길이가 아니라, 신과 질서, 불멸을 뜻한다. 파라오는 단순한 통치자가 아니라 신이 되었고, 백성들은 그를 위해 노동을 바쳤다. 그렇게 지어진 신전과 무덤은 천년을 버틸 힘을 지녔다. 하지만 그 영원은 사실 수많은 사람들의 희생 위에 세워져 있다.

이집트의 노동은 오늘날처럼 임금과 근무 시간으로 환산되는 '경제 활동'의 범주가 아니었다. 이집트인들에게 일은 마앗Ma'at, 즉 우주의 질서와 정의, 조화를 지키는 신성한 행위였다. 농사도, 관개 시설의 정비도, 피라미드와 신전의 건설도 모두 신과 공동체를 위한 봉사였다. 대규모 국가 대공사에 동원된 장인과 기술자들은 단순히 '노동력'이 아니라, 영원한 질서를 세우는 참여자

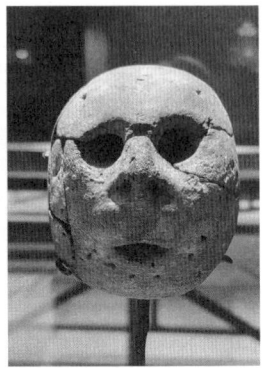

우르파 맨 유사조각상. 우르파 맨을
연상시키는 이집트박물관 소장품.

그랜드 이집트 박물관 전경

였다.

　노동의 대가로 금전적 보상이 아닌 안정적인 식량 배급과 사후의 명예가 주어졌다. 왕을 위한 대역사에 참여한 이들은 더 나은 거처와 음식, 그리고 후대의 기록 속에 남는 영예를 얻었다. 물론 부역과 세금에 묶인 현실은 고단했지만, 그 속에서도 노동은 자부심과 신성함을 품고 있었다.

　하지만 이 노동은 자신의 자유를 자발적으로 포기하면서 희생한 결과는 아니었을 것이다. 신이 된 파라오를 섬기는 행위로 여겨졌기에 가능했을 것이다. 강력한 지도자는 사회 구성원들에게 안도감과 함께 높은 긍지를 심어주었다. 신성은 사회의 자원을 한데 모으는 힘이었고, 그것이 이 거대한 유산을 가능하게 했다. 파라오는 이런 원리에 가장 정통한 인물들이었다. 하지만 지도자가 신이 되는 순간, 문명은 균형을 잃는다. 이집트의 영광은 곧 억압의 그림자를 동반했고 파라오의 신성은 인간의 목소리를 지워버렸다. 돌에 새겨진 것은 경외와 강요된 침묵이다.

이집트 문명의 위대함은 카이로를 비롯한 이집트 전역에서 여전히 생생히 확인할 수 있다. 카이로 중심에 위치한 구 이집트 박물관Egyptian Museum, Tahrir과 최근 개관한 카이로 국립문명박물관National Museum of Egyptian Civilization은 인류 문명의 정수라 할 만한 유물들로 가득하다.

물론 제국주의 시기, 유럽 열강이 약탈해 간 이집트 유물들이 아직도 영국의 대영박물관, 프랑스의 루브르 박물관, 독일의 베를린 박물관, 미국의 메트로폴리탄 박물관 등에 산재해 있어, "가장 우수한 이집트 유물은 이집트 밖에 있다"는 평가도 있다.

그러나 그럼에도 불구하고 이집트 국내에 남아 있는 유물들 역시 문명사적 가치로는 절대적인 유산들이다. 오히려 전 세계 곳곳에 흩어진 이 유물들은 이집트 문명의 위대함과 영향력을 역설적으로 증명한다. 그러나 이 흩어진 유물들은 또 다른 면을 암시한다. 잘못된 권력과 제국주의가 문명을 약탈과 지배의 도구로 삼았을 때, 그 찬란함은 어떻게 왜곡되는가하는 점이다.두 박물

아부심벨 전경 사진. 원래 4개의 람세스 2세 좌상이 조각되어 있었으나 하나는 파괴되어 일부만 남아 있다.

아부심벨 내부 전경

관 모두 하루를 온전히 관람해도 부족할 만큼 방대한 유물을 전시하고 있으며, 매일 아침 세계 각국에서 몰려든 관광객들로 북적인다. 필자처럼 이러한 경험이 낯선 사람에겐 그 자체로 하나의 문명 체험이다.

아부심벨 - 권력의 기념비

박물관 유물은 아무래도 '정지된 역사'다. 하지만 현장에서 마주하는 유산은 살아 숨 쉬는 역사다. 아스완 남쪽 사막 끝, 나일강을 굽어보는 절벽에 람세스 2세의 대사원이 있다. 이 사원은 1960년대, 아스완 댐 건설로 나일강 수위가 높아져 수몰 위기에 처했을 때 유네스코UNESCO 주도로 전체를 절단·해체 후 높은 지대로 이전해 복원된 것으로도 유명하다.

초기 이집트 문명은 지금의 수단 북부 이집트 국경 지역의 누비아Nubia 문명과 끊임없이 경쟁하며 발전했다. 기원전 2500년경부터 서기 350년까지 약 2800년간 지속된 이 문명은, 특히 이집트 제25왕조 시기에는 이집트를 지배하기도 했다. 이집트 입장에서는 누비아는 영원한 맞수였다.

아부심벨의 거대한 신전은 바로 이러한 맥락에서 건설되었다. 람세스 2세는 누비아인들이 더는 이집트를 넘보지 못하도록 강력한 위용과 상징을 담아 사원을 지었다. 이 신전은 그 자신을 위한 대사원, 그리고 가장 사랑한 왕비 네페르타리Nefertari Merytmut를 위한 소사원으로 구성되어 있다.

　대사원 정면에는 람세스 2세의 거상 4개가 서 있다. 이는 세계의 완전성과 전방위 통치를 상징하며, 내부에는 카데시 전투에서 적을 무찌르는 장면이 정교하게 새겨져 있다. 람세스 2세의 거대한 좌상은 영원을 향한 이집트의 집념을 보여준다. 하지만 이 위대한 신전은 동시에 지도자가 신이 되었을 때, 인간의 존엄은 어디에 새겨질 수 있는가를 묻는다.

카르나크 신전 대열주실

카르나크 오벨리스크

소사원은 규모는 작지만 예술적 완성도와 감동에서는 결코 뒤지지 않는다. 수많은 왕비와 후궁 중에서도 네페르타리를 위해 별도로 신전을 세운 점은 그의 각별한 애정을 보여준다.

그러나 애정조차도 거대한 석재 위에 각인되는 순간, 그것은 사랑의 증표를 넘어 권력의 과시물이 된다.

룩소르 – 죽은 자와 산 자의 도시

나일강의 물안개 속에서 태양이 떠오른다. 강가에는 수천 년의 세월을 견디며 서 있는 신전들이 황금빛 빛살을 받으며 깨어난다. 이집트인들은 인간의 유한성을 넘어서는 '영원'을 꿈꿨고, 그 꿈의 심장부가 바로 신왕국 시대의 수도 테베, 오늘날의 룩소르였다.

그 중심에 자리한 카르나크 신전Karnak Temple Complex은 고대 이집트 종교와 정치 권력의 최고 결정체다. 면적만 약 20만m^2에 달하는 이 복합 신전군은 2,000년 이상에 걸쳐 30여 명의 파라오가 확장·증축하며 완성한 '신들의 도시'였다. 주신主神 아문Amun을 모신 이곳은 단순한 제사 공간이 아니라, 파라오의 권위를 천명하고 국가의 정당성을 신 앞에서 확인하는 거대한 무대였다.

신전의 핵심인 대열주실Hypostyle Hall은 길이 103m, 폭 52m의 직사각형 공간에 높이 23m, 둘레 10m가 넘는 석주 134개가 촘

촘히 늘어서 있다. 가운데 12개의 주열은 다른 기둥보다 높아, 그 위에 설치된 창문을 통해 들어오는 빛이 제단과 부조를 은은히 비춘다. 이는 마치 신이 내려오는 길목처럼 연출되어, 제의에 참여하는 이들에게 경외와 압도감을 동시에 안겼다.

신전 입구에 서 있는 오벨리스크는 석재 하나를 통째로 깎아 만든 높이 30미터의 단일 기념물로, 태양신 라^{Ra}와 파라오의 결합을 상징한다. 카르나크 신전은 건축 그 자체가 상징 체계였다. 나일강 동안에 자리하여 산 자의 세계를 대표했고, 나일강 서안의 왕가의 계곡과 장제전이 죽은 자의 세계를 상징하며 짝을 이뤘다.

이곳에 서면, 석주의 숲과 같은 공간, 빛과 그림자가 교차하는 회랑, 하늘로 치솟는 오벨리스크가 만드는 압도적인 스케일 속에서, 신왕국 테베가 누렸던 권위와 부, 그리고 '영원을 건축한 문명'의 정수를 온몸으로 느낄 수 있다.

이집트와 레반트 – 전략과 충돌의 지리학

이집트 문명은 레반트^{Levant} 지역과 오랜 시간 긴밀한 관계를 유지해왔다. 지중해 동부 연안에 해당하는 레반트 지역은 오늘날의 시리아, 레바논, 이스라엘, 팔레스타인, 요르단 등을 포함하는 지역으로, 고대 이집트에게 단순한 이웃을 넘어 전략적 요충지이자, 군사적 완충지, 나아가 교역로의 핵심으로 여겨졌다.

상하 이집트가 통일되어 문명이 본격화된 이후, 이집트는 레반트 지역을 최우선의 외교 및 군사 전략지로 삼았다. 레반트 도시국가들 및 히타이트 제국과의 수많은 충돌 속에서, 투트모세 3세 Thutmose III는 메기도 전투Battle of Megiddo에서 승리함으로써 레반트를 이집트의 식민지로 만들고 총독을 파견했다. 이후 이 지역의 도시 국가들은 이집트를 종주국으로 섬기며 조공 관계를 유지했다. 이집트는 아시리아, 히타이트와의 전쟁에서도 레반트 지배권을 둘러싼 주도권 경쟁을 벌였으며, 특히 람세스 2세Ramses II 시기에는 히타이트와의 카데시 전투Battle of Kadesh로 절정을 맞이한다.

히타이트 제국은 지금의 터키 지역을 기반으로 한 고대 국가로, 인류 최초의 철기 문명을 이룬 제국이었다. 철기를 기반으로 강력하게 무장한 히타이트에게 있어, 아프리카 · 아시아 · 유럽을 잇는 지정학적 교차로이자 레바논 삼나무, 구리, 와인, 석재 등의 풍부한 자원이 있는 레반트는 반드시 차지하고 싶은 전략적 지역이었다.결국 피할 수 없었던 두 제국은 카데시에서 대규모 충돌을 벌인다. 전투는 군사적으로는 사실상 무승부로 끝났고, 이후 양측은 세계 최초의 평화 조약인 카데시 조약Kadesh Treaty을 체결하게 된다. 이 조약은 람세스 2세와 히타이트 왕 무왓탈리 2세 사이에 맺어졌으며, 오늘날 UN 본부 건물에도 복제본이 전시되어 있을 정도로 국제 외교사의 이정표로 여겨진다.

이집트는 무승부로 끝난 이 전투에 아쉬움이 남았던 듯, 아부 심벨, 룩소르, 카르나크 등 여러 신전들에 이 전투를 자신들의 승리로 묘사한 벽화를 대대적으로 조성한다. 벽화 속 람세스 2세는 날렵한 마차에 올라 활을 당기며 적군을 쓰러뜨리는 영웅으로 묘사되고, 히타이트 병사들은 무릎 꿇고 자비를 구걸하는 모습으로 등장한다. 그 옆에는 다음과 같은 상형문자 선전 문구가 새겨져 있다.

"람세스는 아문의 힘으로 그들을 무찔렀다."

"파라오께서는 만 명의 히타이트 병사를 혼자서 쓰러뜨리셨다."

람세스 2세 전투에서 적을 무찌르는 장면

이는 고대 이집트의 시각적 기록물이 정치 선전의 도구로 어떻게 활용되었는지를 보여주는 흥미로운 예이기도 하다.

레반트와 메소포타미아, 그리고 이집트 – 문명의 교차로

레반트는 단순한 지정학적 중요성을 넘어, 이집트 문명과 메소포타미아 문명을 연결하는 문명의 가교이기도 했다. 최근의 과학적 연구는 고대 세계가 광범위한 상호작용 속에 존재했음을 점차 밝혀내고 있다. 영국 BBC의 보도에 따르면, 카이로 남서쪽 약 265km 떨어진 누와이랏Nuwairat이라는 마을에서 발견된 한 남성 유골의 DNA 분석 결과, 그는 메소포타미아 출신 조상을 둔 도예공으로 확인되었다. 그가 살았던 때는 이집트와 메소포타미아 문명이 막 형성되던 시기로, 이로써 문명 초기부터 광범위한 인적 교류가 있었음을 과학적으로 입증한 것이다. 고고학자들은 두 문명이 이미 1만 년 전부터 상호 교류를 통해 아이디어를 주고받았을 가능성이 높으며, 향후 더 많은 증거들이 나올 것으로 전망하고 있다.

경제적 교류도 활발하게 이루어졌다. 이집트의 상형문자Hieroglyph와 메소포타미아의 설형문자Cuneiform로 기록된 무역 문서가 오늘날까지 전해져 오고 있으며, 이는 양 문명 간에 정기적인 무역과 정보 교류가 있었음을 보여준다.

종교적으로도 공통점이 많다. 양 문명 모두 다신교 체제를 기반으로 하며, 날개 달린 태양, 사자, 영원불멸의 존재를 숭배 대상으로 삼았다. 더불어 통치자의 신성과 통치 정당성 역시 두 문명 모두 강조했다. 법과 질서의 체계에서도 유사한 구조가 나타난다. 메소포타미아의 함무라비 법전은 법의 기원이 신 샤마쉬Samash로부터 내려온 것으로 설정되어 있고, 이집트의 마아트Ma'at는 여신 그 자체로, 우주의 질서·정의·조화를 상징한다.

성경의 출애굽기Exodus는 이스라엘 민족이 이집트에서 레반트로 대거 이동한 사건을 다루고 있다. 이 이야기에서 모세와 대립하는 파라오가 람세스 2세일 가능성도 학계 일부에서 제기되고 있다. 역사와 신화, 전승이 얽힌 이 대서사는 레반트와 이집트, 그리고 메소포타미아가 얼마나 깊이 연결된 문명권이었는지를 다시 한번 드러낸다. 레반트는 시리아 사막 횡단로를 통해 메소포타미아 문명과 연결되며, 우리가 여정을 시작했던 튀르키예의 아니톨리아 평원과도 이어진다.

신을 만든 인간, 신이 된 인간

괴베클리 테페에서 시작된 질문, '인류는 왜 신을 먼저 만들었는가'. 답은 불안과 두려움일 것이다. 이를 해소하는 방식은 신에게 의탁하는 것이다. 신의 존재를 상상하고, 그 신에게 전능한 힘을 부여함으로써 인간은 자신의 불안을 신의 힘으로 극복하려 했다. 이것이 바로 기도의 기원이다. 자신이 창조한 신의 힘을 빌려 스스로를 위로하는 이 구조는 비논리적으로 보이지만, 지금 이 순간까지도 강력하게 작동하는 인간 본성의 한 양상이다.

현대 사회에서도 우리는 눈에 보이지 않는 불안을 기반으로 한 상품과 정보, 광고에 둘러싸여 있다. '불안 마케팅'은 상품이 곧 신임을 암시한다. 이는 오늘날 상업 분야를 넘어 종교, 정치에서 매우 효과적인 전략이다. 오랜 인간 심리에 깊이 뿌리내린 구조다.

하지만 이집트인은 이를 뛰어넘어 보다 극적인 방식을 구현한다. 스스로 신이 되는 것! 이집트의 파라오들은 자신을 신으로 격상시켰다. 이 방법은 단지 종교적 포장에 그치지 않았다. 두려움을 뛰어넘고, 인간의 한계를 넘어서려는 심리적 메커니즘이었다.

오늘날 심리학에서 말하는 자기 효능감Self-efficacy, 플라세보 효과Placebo effect, 자기실현적 예언Self-fulfilling prophecy 등은 모두 긍정적 자기 암시Affirmation의 현대적 해석이다. 스스로 신이 된 파라오는 람세스 2세의 벽화에 명확히 드러난다. 카데시 전투 장면에서 람세스 2세는 다른 모든 인물보다 훨씬 크게 그려져 있으며, 이는 단지 예술적 연출이 아니라 신적 존재로서의 위상을 강조한 상징이다. 인간은 두려움으로부터 자유로워지기 위해 신을 만들었고, 또한 두려움을 극복하기 위해 신이 되려 했다.

미라 - 불멸의 과학

파라오는 단순한 통치자가 아닌 이집트인의 대표 신, 즉 영원 불멸의 존재였다. '불멸immortal'은 이집트 문명의 정수이다. 파라오가 사후 세계에서 영원한 삶을 누리기 위해서는 신체의 온전한 보존이 필수적이었다. 시신이 훼손되면 영혼도 함께 소멸된다고 여겼기 때문이다.

미라를 만드는 과정은 이집트『사자의 서Book of the Dead』 벽화에 세세하게 기록되어 있다. 여기에 등장하는 사후 심판에서 사자의 심장을 깃털과 저울질하는 장면은, 정직하고 정의로운 삶을 살도록 촉구하는 도덕적 교훈이자 영적인 경고이기도 하다.

미라를 보관하는 관. 상하 2개가 세트로 되어 있으며 아름답게 채색되어 있다.

이 믿음은 미라 제작 기술로 발전했고, 이집트인들은 이 기술을 당대 최고 수준의 과학·의술·화학·종교의 결정체로 완성시켰다. 이집트의 미라는 불멸에 대한 집념이 만든 과학이었다. 미라 제작은 단순한 방부 처리 기술이 아니다. 그 안에는 정교한 해부학적 지식과 종교적 신념이 완벽하게 융합되어 있다. 이집트인들은 내장을 정교하게 제거한 뒤, 각각의 장기를 상징하는 상이한 캐노픽 단지Canopic Jar에 보관했다. 특히 뇌는 코를 통해 뽑아내 단단한 두개골 내부의 뇌수까지 완전히 제거하는 기술을 이미 보유하고 있었다. 보존을 위해 천연 방부제를 사용해 세균 활동을 원천적으로 차단했으며, 람세스 2세의 미라는 오늘날까지도 속눈썹과 머리카락까지 온전하게 남아 있는 상태로 확인된다.

람세스 2세 미라뿐만 아니라 형태가 거의 완전하게 보존된 여러 미라들을 직접 볼 수 있다. 구 이집트 박물관Egyptian Museum, Tahrir에는 미라 전용 전시관이 두 곳 운영되고 있다. 카이로 국립 문명 박물관National Museum of Egyptian Civilization에도 약 20구의 파라오 및 왕비의 미라가 상시 전시되어 있다. 첨단 현대식 건물에 고대인의 거대한 공동묘지를 만들어 놓은 셈이다.

이집트의 미라 기술은 단지 죽은 이를 보존하려는 기술을 넘어서, 불멸에 대한 이집트인의 신념이 만든, 인류 최고의 보존 과학이라 할 수 있다. 그러나 이 기술은 왕과 귀족의 전유물이었다.

이집트인 대부분도 파라오처럼 불멸에 이르기를 희망했지만, 실제로 자신을 미라화할 수 있는 사람은 소수 상류층 사람들 뿐이었다. 대다수 신민들은 파라오의 불멸을 위한 피라미드, 신전, 왕릉과 같은 기념비적인 건축물에 노동력을 바쳤지만, 그 혜택은 파라오와 한정된 수의 개인 몫이었다. 일반 사람이 자신의 죽음을 준비하기에는 한계가 있었다. 파라오라는 신적 존재는 이집트 문명의 원천이었지만, 동시에 이집트 문명이 쇠퇴하게 된 씨앗이기도 했다.

피라미드의 찬란함과 그것이 우리에게 시사하는 것들

이집트 문명은 거대한 규모와 불가사의한 유산을 남긴 찬란한 문명이었다. '신과 동일시된 파라오'라는 개념은 이집트인들을 강력하게 결속시키고 주변 민족을 압도했으며, 영원을 향한 건축 예술의 원동력이 되었다. 그러나 질문은 남는다. 이집트인 개개인의 삶은 과연 행복했을까?

이집트인은 법적으로 자유인의 신분이었다. 그러나 현실은 세금과 부역에 묶인 삶이었다. 그들의 삶은 자유와 자율이 제한된 삶이었고, 경제적 생활은 나일강의 범람에 절대적으로 의존할 수밖에 없었다. 흉작이 반복되면 삶은 더욱 고단해졌다. 범람 후에는 측량과 농지 정리 작업, 농한기에는 국가 대공사에 동원되어야 했으며, 노동 강도 역시 매우 높았을 것이다. 이런 어려운 현실 속에서도 삶이 단순한 고난만은 아니었다. 맥주는 이집트인들이 발명한 가장 대표적인 음료로, 고된 노동을 견디게 해 주는 기쁨의 자원이 되었다. 그들의 주식은 빵, 맥주, 채소류, 생선, 가금류 등이었으며, 저녁에는 음악을 즐기고, 친구들과 주점에 모여 술을 마시며 이야기를 나누는 삶도 있었다.그러나 그 웃음 뒤에는 늘 파라오를 위한 강제 동원의 그늘이 드리워져 있었다. 문명의 위대함은 곧 인간 존엄의 상실과 맞닿아 있었고, 개인의 자유는 집단의 영원 앞에서 쉽게 지워졌다.

신이 된 파라오를 위한 노동은, 때로는 혹독했고 때로는 자부심의 원천이었다. "왕을 위한 노동"이라 여겨지며, 일부 노동자는 사후에 존중받는 존재로 기록되기도 했다. 이집트인은 자신의 손으로 거대한 석재를 옮기고, 사막 위에 하늘을 찌를 듯한 피라미드와 신전을 세웠다. 그 건축물들은 파라오의 영원을 위한 것이었지만, 동시에 이집트 문명을 불멸의 이름으로 세계사에 새기는 행위이기도 했다. 그러나 그 영광은 모든 백성의 삶을 비추지는 못했다. 일부는 사후의 영원한 삶을 믿으며 땀을 바쳤고, 일부는 그것이 곧 자신의 생존과 공동체의 안녕으로 이어진다고 여겼다. 하지만 그 결정권과 보상 구조는 어디까지나 파라오와 지배층의 손 안에 있었다.

일하는 소조. 노동하는 모습을 묘사한 소조.

이집트인의 노동은 괴베클리 테페와 달리 더 이상 자발적 협동이 아니었다. 파라오의 이름 아래, 수만 명이 나일강의 흙을 퍼나르고 돌을 옮겼다. 그 노동은 곧 권력에의 복종이자, 영원한 건축물에 새겨진 인간의 유한성이었다. 찬란한 건축물은 후세의 감탄을 얻었지만, 그 속에 묻힌 것은 이름조차 남지 않은 수많은 이들의 존엄이었다.

이 대목에서 우리는 묻게 된다. 자원과 노동, 그리고 창조의 결실은 누구를 위한 것인가? 이집트의 영광은 결코 모두의 것이 아니었다. 소수 권력자의 이름만이 돌에 새겨졌고, 다수의 삶과 목소리는 모래처럼 흩어졌다. 문명의 위대함은 인간 존엄을 지키지 못한다면 공허한 외피가 될 뿐이다.

고대 이집트는 AI 시대의 우리에게 중요한 교훈을 남긴다. 권력이든 기술이든 그것이 신격화되어 견제하고 질문할 길이 사라지는 순간 모두의 불행이 된다. 파라오의 권위가 거대한 건축물에서 나왔듯, 오늘날 AI의 권위는 보이지 않는 데이터와 알고리즘에서 나온다. 따라서 우리는 이를 '보이는 것'으로 만드는 제도-투명한 검증, 공정성 인증, 시민 참여형 거버넌스-를 세워야 한다.

또한, 이집트의 중앙집권은 안정과 영속성을 추구했지만, 개인의 다양성과 자유를 제한했다. AI 역시 효율성을 위해 중앙집권을 선호할 수 있다. 그러나 지속 가능한 문명은 영속성과 유연성을 함께 품어야 한다.

이집트 문명은 우리에게 두 가지를 일깨운다. '권력과 기술의 절대화를 경계하라' 그리고 '지속 가능한 신뢰와 지식의 구조를 세워라'. 이 교훈을 품고, 우리는 신이 아닌 인간을 중심에 둔, AI와 공존하는 새로운 문명으로 나아가야 한다.

나일 위에서 생각한 민주주의

하늘에서 바라본 풍경은 '이집트는 나일강의 선물'이라는 헤로도토스의 말이 절로 실감된다. 상승하는 열기구 아래로 펼쳐지는 풍경은 놀라울 만큼 선명하게 대비된다. 나일강 주변의 푸른 녹지대와 그 외곽의 황량한 사막 지대가 명확하게 구분되기 때문이다. 관개 수로가 닿는 곳에는 푸른 빛이 가득하지만, 물이 미치지 못하는 지역은 누런 모래 사막이다. 물이 곧 생명이고, 곧 문명이라는 사실이 여실하게 드러난다.

고대 이집트에서 나일강의 물은 단순한 자연 자원이 아니었다. 매년 범람이 끝나면, 파라오와 관료들은 범람 지역을 재측량하고, 각 마을과 농경지에 물을 어떻게 배분할지 결정했다. 이 과정은 곧 국가 권력의 핵심이었고, 물의 분배권을 장악한 자가 생존과 번영을 결정했다. 하지만 이 권력 구조는 언제나 공정하지 않았다. 권력자나 지배층이 자신과 가까운 집단에 더 많은 물을 배정하면, 멀리 떨어진 농민들은 흉작과 굶주림에 시달릴 수밖에 없었다. 나일강은 생명을 주었지만, 동시에 불평등의 원천이 되기도 했다.

오늘날에도 자원과 부의 분배 구조는 크게 다르지 않다. 물이 곧 생명이었듯, 현대 사회에서는 에너지, 정보, 재정이 삶을 좌우한다. 그것을 '누가', '어떻게' 나누는지가 곧 사회의 정의를 결정한다. 따라서 자원의 배분은 단순한 행정 문제가 아니라, 공동체의 지속 가능성을 가늠하는 정치적 문제다.

열기구에서 내려다보며 문득 이런 의문이 떠올랐다. "과연 이

열기구 관광 모습

▼ 열기구에서 바라본 풍경. 경작지와 사막의 뚜렷한 비교
가 눈에 띄인다. 이집트문명이 나일가의 선물이라는 말이
실감나는 풍경이다.

물을 어디까지, 어떻게 사용할 것인가는 누가 결정할까?"가장
이상적인 방법은 민주적 절차를 따르는 것이다. 나일강에서 확보
가능한 총 수량을 파악한 뒤, 각 지역 대표들이 모여 지역별 할당
량을 공정하게 배분하고, 그 물을 각 지역에서 자율적이고 민주

적인 방식으로 사용하는 것이다.

　민주주의는 단지 정치 체계가 아니다. 민주주의를 통한 사회 정의의 실현, 공정한 자원 분배와 투명한 의사결정은 곧 삶의 질, 즉 먹거리와 직결된 문제다. 물을 어떻게, 누구에게, 얼마나 나눌 것인가는 곧 정치이다. 공정한 분배와 투명한 결정이 있어야만 사회가 번영한다. 민주주의는 정치 체계 이전에, '함께 잘 사는 법'을 결정하는 가장 현실적인 경제 기반이다. 민주주의는 먹거리이다.

4장

그리스
– 인간이 중심, 사유의 불꽃을 밝히다

생각하라, 질문하라, 그리고 불멸로 남아라.

푸른 에게해를 바라보며, 한 사내가 돌기둥 아래 앉아 생각에 잠긴다. 신이 모든 것을 지배하던 시대에, 그리스인들은 처음으로 인간 자신을 세계의 중심에 놓았다. '왜?'라고 묻는 철학, '어떻게 살아야 하는가'라는 윤리, 그리고 공동체를 위한 정치.

아테네 철학과 인간 중심 세계관의 등장

이집트에서 파라오는 신과 동일한 존재였다. 그는 인간의 불안을 짊어진 절대자였고, 영원한 삶을 약속하며 거대한 제국을 이끌었다. 이집트인의 노동은 파라오라는 신적 존재를 위한 것이었다. 그것은 거대한 피라미드와 신전을 세워 불멸을 구현하려는 집단적 헌신이었고, 개인의 삶보다 공동체의 위엄과 영속성을 우선시했다.

반면, 그리스인들에게 '일'은 더 이상 절대자를 위한 복종이 아니었다. 노동은 공동체에 기여하는 행위이면서도, 동시에 개인이 자유를 누리고 스스로의 가치를 실현하는 수단이었다. 아고라에서의 토론, 공직 수행, 예술 창작은 모두 '일'의 일부였으며, 이는 권력의 영속이 아니라 시민 개개인의 명예와 기억 속에 남는 불멸을 추구했다.

이집트가 거대한 신전과 무덤, 불멸의 제국을 남겼다면, 그리스는 인간의 정신과 질문, 그리고 사유의 궤적으로 문명을 다시 설계했다. 신이 부여한 운명에 순응하기보다, 인간의 이성과 논리를 통해 세상을 이해하고자 했다.

그들은 신의 질투와 분노, 실수와 변덕마저 신화 속에 담아내며, 그 안에 인간의 본성과 세상의 질서를 비추고자 했다. 폴리스도시국가라는 공동체 안에서, 인간이 함께 토론하고, 다투고, 결정하며, 스스로의 삶과 사회를 주도하려고 시도했다. 그 안에서 철학이 태어났고, 수학과 과학, 정치와 미술, 연극과 민주주의가 자라났다.

신 중심에서 인간 중심으로의 전환-이것이 그리스 문명의 진정한 혁명이었다.

크레타 - 바다에서 피어난 문명의 뿌리

여정의 첫 발걸음은 그리스 문명의 뿌리, 크레타 섬이다. 동지중해 한가운데, 이집트 · 레반트 · 그리스 본토 사이에서 교역의 요충지였던 이 섬에는 미노아 문명이 꽃피었다. 이 섬의 주요 항구는 헤라클리온Heraklion과 하니아Chania로, 당시 이집트, 레반트, 그리스 본토와의 활발한 교류가 이루어졌던 곳이다.

교역은 단순한 물건의 교환을 넘어 사람과 사람의 만남을 낳고, 만남은 새로운 세계에 대한 동경과 상상력을 자극한다. 상상력은 인류 문명의 시작이자, 그 문명을 움직이게 하는 원동력이다. 헤라클리온 항구에 내리면 바닷바람에 실려 오는 오래된 향기가 느껴진다. 기원전 3000년경 시작된 미노아 문명은 바다를 기반으로 번영했다. 미노아 문명의 중심지 크노소스 궁전Knossos

미노아 문명 도자기

미노아 문명의 상징, 황소 조각.

연회장으로 가는 사람들-미노아 궁전벽화

Palace은 헤라클리온 항에서 5~6km 거리에 위치한다. 완만한 언덕 위에 자리한 이 궁전은 아름다운 벽화와 유려한 건축 양식으로 유명하다. 궁전에는 돌고래 벽화Dolphin Fresco, 황소 도약 경기 Bull-Leaping Fresco, 미노스의 왕자Prince of the Lilies, 파리지앵Parisienne Fresco 등으로 불리는 아름다운 프레스코화가 남아 있다. 여성들의 활발한 참여는 사회적인 지위가 낮지 않았음을 보여준다. 벽화 속 여성은 흰 피부, 남성은 짙은 갈색 혹은 검은 피부로 표현되어 있는데, 이는 이집트 벽화에서도 공통적으로 나타나는 표현 양식이다. 미노아 문명이 이집트와 활발한 교류를 통해 그 미술 양식을 받아들였다는 점을 시사한다.

건축 구조는 채광과 통풍이 우수한 개방형이며, 건물의 높이는 최고 4~5층에 달한 것으로 보인다. 기원전 2000년대에 이처럼 고도화된 건축 기술을 확보하고 있었다는 사실은 놀랍다. 또한, 붉고 검게 칠해진 나무 기둥, 석회암과 회반죽으로 마감된 백색 벽체의 조화는 그 자체로 높은 미적 완성도를 보여준다. 그러나 그 화려한 궁전의 벽 뒤에서도 평범한 이들의 삶은 기록되지 않았다. 문명의 찬란함은 언제나 소수의 흔적만을 전하고, 다수의 목소리는 무시되었다.

중산층의 가옥에는 욕실과 배수구가 마련되어 있었으며, 일반 가정에도 상하수도 시설이 갖춰져 있었던 흔적이 있다. 도기, 직물, 금속 세공, 목공 등에서 뛰어난 장인들이 활동하며 높은 수준의 공예품을 제작하였고, 특히 도자기는 정교함과 예술성이 뛰어나 그 미적 수준을 짐작하게 한다.

이곳에는 거대한 신전도, 중앙집권의 흔적도 없다. 대신 가정과 마을 속 작은 제단, 느슨한 도시국가 체제, 개방적이고 포용적인 사회가 있었다. 그 바다의 자유로움은 훗날 그리스 본토로 스며들었다.

미케네 - 그리스 문명의 뿌리

그러나 바다는 언제나 평화롭지 않았다. 기원전 1450년경, 인근 테라 섬지금의 산토리니섬의 화산 폭발과 쓰나미가 크레타를 덮쳤다. 자연재해로 약화된 틈을 타 미케네인들이 침공해 미노아를 무너뜨린다.

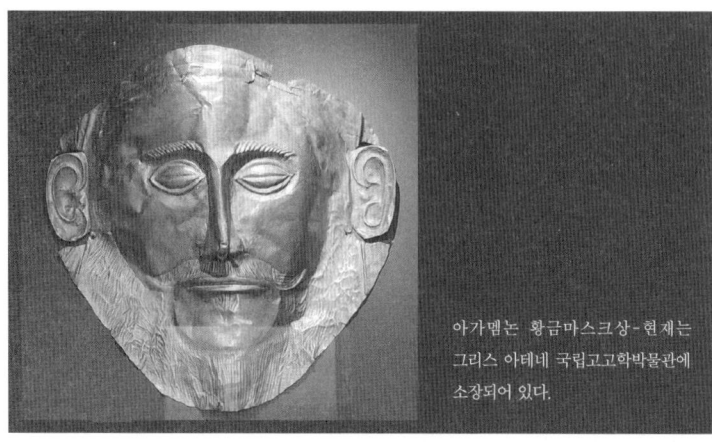

아가멤논 황금마스크상-현재는
그리스 아테네 국립고고학박물관에
소장되어 있다.

아테네에서 남서쪽으로 차를 달려 코린토 운하를 지나면 헬라스 풍경이 펼쳐진다. 가는 길은 그리스 특유의 풍광을 품은 아름다운 도로 여행이다. 펠로폰네소스 평야를 지나 구릉지대에 이르면, 아가멤논 왕의 무덤이 먼저 눈에 들어오고, 이어서 언덕 위에 우뚝 선 미케네 성채에 도착한다.

입구에는 유명한 사자문Lion Gate이 있고, 이 문을 통과하면 돌로 축조된 거대한 성벽과 함께, 좌청룡 우백호처럼 둘러싸인 구릉이 도시를 보호하고 있다. 아가멤논 왕궁터에 서면, 신화와 역사가 겹쳐진 풍경이 펼쳐진다. 그리스인들의 정체성을 대표하는 호메로스의 『일리아스』, 그리스 비극 속 주인공들이 걸었던 길이 이곳에서 시작되었다.

미케네 문명은 아테네보다 수백 년 앞선 청동기 시대의 중심지였다. 아테네 시대에 이르러 미케네는 폐허로 남았지만, 비극 작가 아이스킬로스 등은 아가멤논의 이야기를 통해 미케네를 문화적 기원으로 재해석하며, 아테네와 미케네를 하나의 정신적 세계로 엮어냈다. 아가멤논은 역사적 실존 인물이라기보다는, 신화와 서사시, 비극 속에 등장하는 상징적 인물이다. 그는 호메로스의 『일리아스』, 아이스킬로스, 에우리피데스 등의 작품 속에서 운명과 고통, 인간의 한계와 선택을 상징하는 인물로 살아 있다. 그리스 비극은 인간의 고통과 자유의지를 주제로 삼으며, 단순한 선악 대결이 아닌, 정의와 정의의 충돌이라는 고차원의 도덕적 사유를 요구한다. 비극이 상연되던 그리스 극장은 단순한 오락의 장소가 아니라, 정신적 치유와 민주주의 교육의 공간이었다. 관객은 타인의 고통을 함께 느끼고, 자신의 삶을 성찰하는 카타르시스를 경험하며, 사회적 윤리와 공동체 감각을 함양했다. 아테네에서 약 130~140km 떨어진 에피다우로스Epidaurus에는 의술의 신 아스클레피오스 신전과 더불어, 온천, 체육장, 병동, 극장이 어우러진 치유 복합 단지가 조성되어 있다. 이곳은 극장이 단순히 공연장이 아니라 회복과 배움의 장이었음을 보여준다. 그 세계는 오늘날 우리에게 여전히 '인간이란 무엇인가', '고통은 어디에서 오는가', '삶의 의미는 무엇인가'를 묻는다.

▶ 에피다우로스 톨로스 건물-치유의 신 아스클레피오스 신전 옆 원형 건물.

▼ 에피다우로스 컴플렉스 내 극장-이곳은 단순한 공연장이 아니라, 치유와 정신 정화의 성역 전체(Asklepieion of Epidaurus) 안에 포함된 의례적 심리적 치유 공간이었다.

아테네 – 인간 중심 문명의 개화

미노아와 미케네 문명으로 이어진 그리스 문명은 마침내 아테네에서 꽃을 피운다. 아테네는 단순히 미케네 문명을 계승한 것이 아니었다. 아테네는 미케네를 재해석하여 자신들만의 방식으로 그리스 문화를 부흥시킨 문명이다. 왕권 중심 체제에서 민주정으로 전환하고, 궁궐과 요새 중심 도시를 개방형 '아고라' 중심 도시로 재구성했으며, 전사와 귀족 중심 사회를 시민 중심 공동체로 변화시켰다. 또한 신이 아닌 인간 중심 사상을 사회 통합의 이념으로 삼았다. 이런 민주정으로의 전환은 인류 역사상 최초의 정치적 · 사상적 혁명이었으며, 오늘날까지도 우리에게 결정적인 영향을 미치고 있다.

아테네 시내는 아크로폴리스Acropolis를 중심으로 펼쳐진다. '높은 도시'라는 뜻을 가진 이 바위 언덕 위의 성소는 파르테논 신전을 포함한 여러 신전군으로 구성된 종교 · 방어의 중심지이며, 그리스 문명을 동경하는 이들에게는 일종의 순례지와 같다.

아크로폴리스 북쪽에 위치한 박물관에는 고대 주거 시설이 발굴된 원형 그대로 전시되어 있다. 이를 통해 아크로폴리스가 단지 종교적 상징이 아니라 실제 시민 생활의 중심지였음을 확인할 수 있다. 시민들의 생활은 아고라 광장을 중심으로 이루어졌다. 아고라에는 거대한 건축물이 없다. 아고라는 그리스어로 '모이다'에서 유래한 말로 도시의 기능적 공간을 이야기한다. 아고라 주위로 스토아stoa, 시민의회-불레, 도시 집정권 사무실, 법정 및 신전들이 주위를 둘러싸고 있다. 민주주의는 불멸의 건축물에서 완성되는 것이 아니라 사회 구성원들의 집단적 사고의 결과물이다.

클레이스테네스와 직접 민주주의

아테네 민주주의 탄생 과정은 결코 순탄하지 않았다. 초기 아

아크로폴리스를 가장 가까운 곳에서 바라다 볼 수 있는 아레오 파고스 언덕에서 바라다본 아크로폴리스 전경. 파르테논 신전과 나이키 신전 등이 보인다. 아크로폴리스는 도시의 심장이자 가장 성스러운 곳이라는 의미이다.

테네 역시 왕정 체제로 출발했다. 기원전 8세기, 왕권이 약화되며 귀족 중심의 9명 아르콘 집정관 체제로 전환되었고, 귀족들의 자의적 지배는 점점 시민의 불만을 초래했다. 이 불안을 잠재우기 위해 등장한 인물이 드라콘Dracon이다. 그는 최초로 성문법을 제정하였지만, 그 법은 너무나 가혹하여 '드라코니안 법'이라는 말까지 남겼다. 이어 솔론Solon이 등장하여 부채 탕감과 노예 해방 등 경제 개혁을 단행하며 시민들의 경제적 기반을 마련했고, 민회Ekklesia와 배심원제를 도입하여 정치적 참여를 확대했다.

하지만 아테네는 다시 한 번 페이시스트라토스 가문의 참주정으로 회귀하게 된다. 이후 기원전 508년, 외세 스파르타의 개입으로 귀족들이 다시 권력을 잡으려 하자, 시민들은 클레이스테네스를 중심으로 봉기하여 3일간의 대치 끝에 민주정 수립에 성공한다. 이로써 세계 최초의 민주주의는 시민들의 힘으로 쟁취된 것이 되었다. 민주주의는 누군가가 선물처럼 내려준 것이 아니다. 기득권은 결코 스스로 특권을 내려놓지 않는다. 거리에서, 회의장에서, 수많은 갈등과 희생을 통해 얻어낸 것이 민주주의다.

아테네 민주정은 혈연 기반 귀족 사회를 해체하고, 시민 공동체를 창출한 제도 혁명이었다. 이 제도의 중심에는 클레이스테네스Cleisthenes가 있다. 그는 500인 평의회Boule를 도입하여 정책 사전 심의 기구를 만들었고, 도편추방제Ostracism를 도입하여 독재 가능성을 예방했다. 민회의 권한도 실질적으로 강화하여 시민 중심의 정치 체제를 완성했다. 특히 모든 공직은 추첨제로 선출되었는데, 이는 모든 시민에게 정치 참여의 기회를 균등하게 보장하기 위한 장치였다. 볼레Boule 구성원은 1년 임기로 재임이 불가능했으며, 일일 수당이 지급되어 빈자도 부담 없이 참여할 수 있었다. 정책 논의가 이루어진 볼레우테리온Bouleuterion은 시민들과 밀접한 소통을 위해 아고라 근처에 자리잡고 있다.

흔히 아테네 민주정의 두 축으로 민회와 볼레를 이야기하지만, 필자는 도편추방제야말로 민주주의의 핵심 제도라고 본다. 민회와 평의회가 민주주의 운영의 틀이라면, 도편추방제는 민주주의의 자기 방어 메커니즘이었다. 정치적으로 위험하다고 판단되는 인물의 이름을 도자기 조각ostrakon에 적어 일정 수 이상이 되면 10년간 추방할 수 있는 제도였다. 이는 타락하거나 권력을 사유화하려는 인물이 생겨날 때, 무력이나 피흘림 없이 시민의 합의로 배제할 수 있는 안전장치였다. 지금의 탄핵이나 소환제의 선구적 형태라고도 할 수 있다. 아테네에서 실현된 이 민주주의는 완전하지 않았다. 여성, 노예, 외국인은 정치 참여에서 배제되었고, 제한적 시민 중심 민주정에 불과했다. 하지만 모든 시민이 자유롭게 발언하고, 추첨으로 공직을 맡고, 권력자조차 시민의 의사로 추방할 수 있었던 시스템은 그 자체로 인류 정치사에 혁명적인 사건이었다. 그리고 이 모든 혁신은 척박한 환경에서 탄생한 위대한 인간 중심 사유의 결과였다. 아테네는 신의 통치에서 벗어나 생각하는 인간이 직접 자신들의 삶을 결정한 최초의 도시였으며, 그 유산은 오늘날 우리가 살아가는 민주 사회의 출발점이 되었다.

도편추방제와 아테네 민주정의 빛과 그늘

도편추방제Ostracism는 매년 민회의 표결을 통해 시행 여부를 결정했다. 민회에서 과반의 찬성이 있으면 투표가 시행되었고, 시민들은 자신이 잠재적 위협으로 판단한 인물의 이름을 도자기 조각ostrakon에 적어 제출했다. 유효 투표가 6,000표를 넘은 경우,

그중 최다 득표자 한 명이 10년간 아테네에서 추방되었다.

이 제도는 때로 억울한 음해로 추방되는 경우도 있었지만, 잠재적 독재자의 등장을 사전에 차단하고, 공화적 질서를 유지하며 피의 정쟁을 예방할 수 있는 합의 기반의 제도라는 점에서 긍정적인 기능을 했다. 무엇보다도 실질적인 추방 자체보다는, 추방의 두려움이 공직자의 자제와 절제를 유도하는 효과가 더 컸다고 평가된다.

도편추방제는 오늘날의 탄핵제나 소환제와 같이, 공직자의 권력 남용을 견제하고 민주주의의 본질을 수호하기 위한 제도라 할 수 있다. 민주주의가 위기라 불리는 오늘날, 국민 정서와 윤리 기준에 부합하지 않는 정치 지도자들에 대한 책임 추궁과 제도적 개선은 AI 시대를 준비하는 우리 사회에 꼭 필요한 숙제다.

아테네의 민주정이 정상적으로 운영된 기간은 100년 남짓에 불과했다. 그 한계는 구조적인 문제에 기인한다. 노예, 여성, 외국인이 정치에서 배제되어 전체 인구의 10~15% 시민만이 참여 가능한 제한적 정치였다.

결정타는 펠로폰네소스 전쟁기원전 431~404년이었다. 민주정의 상징인 아테네 연합과 귀족정의 중심 스파르타가 그리스 세계의 패권을 놓고 벌인 이 전쟁은 무려 27년 동안 지속되었다. 결국 아테네는 패배한다. 전쟁 후, 부유층은 노예 노동력을 바탕으로 대

규모 농장을 확장하며 부를 축적한 반면, 전쟁에 참여했던 자유 농민층은 삶의 기반을 잃고 몰락하게 된다. 이로 인해 노동 시장은 양극화되고, 대중의 분노는 선동가 데마고그들에게 악용되어 포퓰리즘 정치가 횡행하게 된다. 기존의 도편추방제와 민회 등도 민주주의의 정신을 유지하지 못한 채 악용되며, 마침내 아테네 민주주의는 붕괴하게 된다. 중산층의 몰락과 정치 불안은 강력한 지도자에 대한 대중의 열망을 불러오고 독재자의 등장은 민주주의의 퇴행을 초래하는 공통의 경로다.

아테네의 민주주의는 비록 짧은 실험에 그쳤지만, 시민 참여, 권력 분산, 법의 지배라는 현대 민주주의의 핵심 원칙을 세계사에서 최초로 구현한 제도였다. 그리스인들이 꿈꾸었던 불멸Immortal의 세계는 이 민주주의로 남아 있다.

'헬라스 풍경'으로 상징되는 그리스의 자연환경-거친 산과 바위는 독립적이고 자유로운 도시 국가를 낳았고, 에게해로 열린 바다는 미지의 세계로 향한 모험심과 개방성을 자극했다. 그리고 그 안에서 자라난 인문정신과 사유의 깊이는, 민주주의라는 위대한 유산으로 결실을 맺었다.

알렉산더와 헬레니즘

전쟁의 결과는 참혹했다. 전쟁의 승자인 스파르타조차 전후 혼란을 수습하지 못했다. 그 결과 그리스 전체는 쇠퇴하게 되었고, 북부의 마케도니아가 새로운 중심으로 부상한다. 마케도니아는 지리적으로는 그리스에 속하지만, 전통적인 도시 국가polis는 아니었다. 왕정monarchy 체제를 유지한 이곳의 사람들은 자신들을 '자유시민'이라 부르지 않고, '우리는 왕의 신하'라고 여겼다. 이러한 마케도니아가 그리스 전역을 통합할 수 있었던 것은 필리포스 2세와 알렉산더 대왕의 탁월한 외교력과 군사력 때문이기도 하지만, 펠로폰네소스 전쟁으로 도탄에 빠진 그리스 도시국가들의 쇠락이 더 큰 원인이었다.

그리스를 통일한 알렉산더는 페르시아 제국의 마지막 왕 다리우스 3세와 고대사 최대 규모의 전쟁을 벌인다. 이 전쟁의 생생

테살로키니 알렉산더 대왕 동상 옆에 있는 벽면에 새겨져 있는 알렉산더대왕과 다리우리3세의 전투 장면 부조.

한 장면은 오늘날 나폴리 고고학 박물관에 소장된 알렉산더 모자이크[이수스 전투]에 남아 있다.

이 전쟁의 의의는 단지 승패가 아니라, 동서양 문명의 융합에 있다. 페르세폴리스를 정복한 알렉산더는 다리우스의 딸과 결혼하고, 병사들에게도 페르시아 여인과의 결혼을 장려했다. 또한 언어, 종교, 예술 등에서 상호 수용과 통합을 시도하며, 그 결과 헬레니즘 문명이 탄생한다. 헬레니즘은 단지 그리스 문명의 확장이 아니라, 그리스와 오리엔트가 융합된 새로운 문명이었다. 이는 스토아학파, 에피쿠로스학파, 수학, 천문학, 의학 등 다양한 분야에 지대한 영향을 미쳤고, 후에 로마, 기독교, 이슬람, 근대 유럽 문명에도 영향을 주는 세계사적 유산이 되었다. 특히, 불교 미술에서도 헬레니즘의 영향은 뚜렷하다. 부처 형상화를 꺼려했던 불교는, 헬레니즘 양식의 수용을 통해 간다라 양식의 불상이 등장하게 된다.

현재 그리스 북부의 중심 도시 테살로니키[Thessaloniki]는 알렉산더대왕의 이복누이인 테살로니케의 이름을 딴 도시로, 비록 알렉산더와 직접 연관된 도시는 아니지만, 그의 가문과 혈통을 상징하는 공간이다. 도시 해안가에는 웅장한 알렉산더대왕의 기마상이 서 있고, 마케도니아 문명 박물관에서는 그의 시대를 대표하는 유물들을 감상할 수 있다. 아테네에서 기차로 약 4시간 반이면 쾌적한 여행이 가능하다.

그리스인의 삶

민주주의 전성기의 아테네 시민들은 정치와 공동체, 개인의 삶이 하나로 맞닿아 있는 시대를 살았다. 그들의 삶을 한마디로 표현한다면, 정치와 공동체와 '한 몸'으로 살아간 존재들이었다. 아테네 시민들은 연극 관람과 자유로운 토론 문화를 즐겼고, 소크라테스나 소피스트와 같은 사유의 스승들을 통해 사고의 깊이를 키우며 인간다운 삶의 기준을 스스로 묻고 탐구했다. 그들은 축제와 스포츠를 통해 공동체의 유대감을 다졌고, 예술에 대한 열정은 인간 중심의 아름다움을 극대화시킨 건축과 조각으로 승화되었다.

오늘날에도 경이로움을 안겨주는 비례미를 자랑하는 신전 건축물이나 인체 조각상들은 그 정신의 결실이다. 모두가 신을 바라볼 때, 모두가 신의 뜻을 묻고 따를 때, 그리스인은 "어떻게 하면 인간이 스스로 세상을 만들 수 있을까"를 고민했다.

아테네의 남성 시민들은 주로 정치와 군사 활동에 전념했다. 일하는 손은 노예와 이방인이었다. 시민은 대신 광장에서 토론하고, 극장에서 비극을 보며, 철학의 '왜'를 묻는 존재가 되었다. 노동의 타자화가 곧 사유의 자유를 열어준 것이다.

시민이라면 누구나 일생에 한 번 이상은 배심원이나 평의회 활동 등 공직을 경험했으며, 정기적으로 민회에 참석해 법률 제정, 전쟁과 외교, 공직자 선출 등 중대한 국가 사안에 참여했다. 이처럼 시민이 공동체의 일에 주도적으로 참여한 사회에서는 적극적이고 자주적인 삶이 자연스러운 삶의 방식이었다. 그만큼 사회적 만족도와 행복지수도 높을 수밖에 없었다.

그러나 사유의 자유는 시민에게만 허락된 특권이었다. 위대한 철학은 인류 전체의 보편이 아니라, 배제의 구조 속에서 탄생한 한정된 자유였다.

그리스인은 오늘날 '지중해 식단'의 기원을 살았다. 올리브유를 중심으로 치즈, 채소, 해산물, 통곡물현미, 귀리, 통밀빵 등을 섭취했고, 하루 다섯 번 이상 과일과 채소를 먹는 것이 일반적이었다. 소금 대신 향신료와 허브를 사용하여 요리했으며, 적당한 유제품과 소량의 와인을 곁들이는 식사 방식은 오늘날에도 이상적인 식단으로 손꼽힌다. 특히 붉은 고기를 자제하고, 지역에서 나는 식재료로 건강을 다졌던 방식은 현대인의 모범이 된다.

현재 아테네의 기념품 가게에서 흔히 볼 수 있는 아테네의 맛Taste of Athens이라 불리는 향신료 꾸러미, 올리브유, 절인 올리브 상품들은 이 같은 식문화의 전통을 보여준다. 그리고 아테네의 저녁, 시민들은 심포지움Symposium에 참여했다. 'Symposium'은 원래 그리스어로 '함께 마신다'는 뜻에서 유래한 말로, 오늘날의 학술회의라는 의미 이전에 와인과 지성을 곁들인 사교적 문화 모임이었다. 참석자들은 리클리니온침상에 비스듬히 누워 와인을 마시며 음악, 시, 철학을 즐기고 서로 깊이 있는 토론을 나누었다. 이는 지성과 감성, 육체와 정신, 개인과 공동체의 조화를 추구한 그리스 문화 정신의 정수였다.

그리스 여행에서 만나는 그리스인들은 누구나 지중해 햇살처럼 환한 미소로 여행자를 반긴다. 그들의 쾌활하고 낙천적인 성품에는 고대 그리스인의 자부심과 공동체적 삶의 전통이 배어 있는 듯하다. 여기에 더해 대부분의 식당은 합리적인 가격의 하우스 와인을 제공한다. 주로 화이트 와인으로, 500ml에 약 4~5유로로 부담 없는 가격이지만, 맛과 풍미는 훌륭하다. 마치 옛날 한국 주막에서 주전자에 담아 팔던 막걸리처럼, 여행객에게 향수를 안겨주는 정취가 있다. 이것이 그리스 여행이 그리운 또 하나의 이유다.

아테네의 민주주의 실험은 단지 과거의 유물이 아니다. 오히려 지금 우리가 처한 현대의 민주주의 현실과 맞닿아 있는 생생한 교훈을 제공한다. 대런 애스모글루가 『좁은 회랑The Narrow Corridor』에서 말한 것처럼, 민주주의는 국가 권력과 시민의 참여가 위태로운 균형을 이루는 좁은 회랑 위에서만 실현될 수 있다. 아테네의 시민들이 그 좁은 회랑을 어떻게 걸었는지를 통해 우리는 오늘의 민주주의를 반성하고 새롭게 구상해야 한다.

역사를 배운다는 것은 사실을 외우는 것이 아니라, 지혜를 얻는 일이다. AI 대변혁의 시대, 우리는 어떤 선택을 해야 할까? 그 선택은 시민 모두의 참여와 지혜를 통해서만 가능하다.

이집트와 그리스를 돌아보며

두 문명은 성격도 다르고 지향한 방향도 달랐지만, 공통의 핵심 개념 하나는 공유하고 있었다. 그것은 바로 '불멸Immortal'이라는 개념이다.

이집트는 하드웨어-거대한 구조물과 신성한 질서-로 불멸을 추구했고 그리스는 소프트웨어-사유, 기억, 명예-로 불멸을 꿈꿨다. 이집트 문명은 '하드웨어', 즉 눈에 보이는 물리적 구조와 신성한 질서를 통해 불멸을 추구했다. 거대한 피라미드, 정교한 미라 기술, 『사자의 서』, 그리고 마아트Ma'at의 사상 등은 죽은 자의 영혼이 신과 합일되어 영원히 살아가도록 하기 위한 장치들이었다. 파라오는 신과 하나가 되거나, 스스로 신이 되어 죽음을 넘어선 존재로 자리매김했다. 이집트의 불멸은 곧 죽음을 넘어 신성과 합일된 존재가 되는 것이었다.

반면, 그리스 문명이 추구한 불멸은 '소프트웨어', 즉 인간의 사유, 기억, 명예를 통해 이룰 수 있는 불멸이었다. 호메로스의 서사시에서 영웅은 노래되고 기억됨으로써 불멸을 얻는다. 철학자는 진리를 탐구함으로써, 예술가와 정치가는 이름과 행적으로 기억 속에 남음으로써 영원에 닿으려 했다. 그리스에서 불멸이란 기억, 사유, 문화의 유산으로 남는 것, 인간 스스로 쌓아가는 명예의 연속성이었다.

이러한 차이가 두 문명의 운명을 갈라놓았다. 나일강의 강가에서 솟아오른 피라미드와 신전은 인간의 노동이 '영원'을 섬기는 도구로 쓰였음을 보여준다. 이집트인에게 노동은 파라오의 신성을 떠받드는 의무였고, 거대한 건축물 속에서 개인의 삶은 흔적조차 남기지 못했다. 반면, 에게해 바람 속에 서 있던 그리스인들은 전혀 다른 길을 선택했다. 육체노동은 노예와 외국인의 손에 맡겨졌고, 자유 시민은 손에 흙을 묻히는 대신 질문을 던지고, 광장에서 토론하며, 인간 자신을 사유의 중심에 세웠다.

결국 두 문명은 같은 인간의 손으로 세워졌지만, 노동의 의미를 정반대로 배치했다. 하나는 영원을 위한 복종, 다른 하나는 그 노동 위에 자유를 세웠다. 이 대비는 오늘 우리에게 묻는다. AI 시대에 인간의 노동은 다시 권력과 기술을 떠받드는 의무가 될 것인가, 아니면 모든 이에게 사유와 창조의 자유를 열어주는 토대가 될 것인가.

축의 시대 – 인류 최초의 자각과 AI 시대 가능성

신을 향한 사유에서 인간을 향한 사고 전환은 그리스만의 전유물이 아니었다. 기원전 8세기에서 3세기 무렵, 세계 곳곳에서 인류는 스스로를 성찰하며 '인간이란 무엇인가'를 묻기 시작했다. 중국에서는 공자가 '인仁'과 '예禮'를 통해 인간이 도덕적 주체로서 공동체의 질서를 세울 수 있음을 가르쳤고, 인도의 부처는 고통의 근원을 직시하며 스스로 해탈에 이를 길을 제시했다. 팔레스타인에서는 히브리 예언자들이 정의와 윤리를 외쳤고, 페르시아에서는 조로아스터가 선악의 선택을 통해 우주의 질서를 설명했다. 독일 철학자 카를 야스퍼스가 이 시기를 '축의 시대Axial Age'라 부른 이유다. 인류가 처음으로 집단적 자각을 경험한 시대였다. 그 가운데 그리스는 독특한 길을 걸었다. 그들은 신과 인간의 경계를 넘나들며, 인간을 세계 이해의 중심에 놓았다. 이오니아의 철학자들은 만물을 신화가 아니라 자연 원리로 설명하려 했고, 소크라테스는 인간이 스스로의 무지를 자각하는 것에서 출발해야 한다고 가르쳤다. 플라톤과 아리스토텔레스는 이성을 최고의 도구로 삼아 정치, 윤리, 과학의 기초를 놓았다. 부처가 해탈을, 공자가 조화를, 조로아스터가 절대적 윤리를 추구했다면, 그리스는 변화를 수용하는 인간의 이성에 문명의 운명을 맡겼다.

이 사유의 방식은 오늘날에도 여전히 살아 있다. 법과 제도가 변해도, 기술이 아무리 발전해도, 민주주의·과학·인권·예술의 토대에는 '스스로 묻고, 스스로 결정하는 인간'이라는 그리스적 유산이 놓여 있다. 그리스 문명이 남긴 가장 위대한 선물은 완벽한 해답이 아니라 끝없이 질문할 자유였다. "왜?", "어떻게?", "무엇을 위해?"를 묻는 힘이야말로 과거의 미완을 다시 이어줄 열쇠다. 그리고 그 자유는 AI 시대를 살아가는 우리에게도 여전히 가장 강력한 힘이다. 축의 시대의 성찰이 미완으로 끝난 것은 기술의 부재와 구조적 한계 때문이었다. 그러나 오늘날 AI와 전지구적 연결망 속에 사는 우리는, 모든 시민이 동등하게 지식과 정보를 갖고 즉시 토론과 결정에 참여할 수 있는 사회적 인프라를 갖추기 시작했다. 축의 시대를 열었으나 완성하지 못한 문명-모든 인간이 함께 사유하고 결정하는 사회-는 이제 우리의 손 안에서 현실이 될 수 있다. 과거 그리스의 질문이 AI 시대에 다시 살아나고 있다.

그리스의 한계

그리스 문명의 불멸은 로마를 거쳐 르네상스로 이어지고, 다시 현대 서구 문명의 정신적 토대가 되었다. 자신의 삶을 스스로 개척하고 변화시킬 수 있다는 가능성, 이것이야말로 그리스 문명이 인류에게 남긴 가장 위대한 유산이다.

그러나 이 빛나는 유산에도 한계는 있었다. 시민의 자유와 참여는 아고라에 모인 일부 성인 남성에게만 허락되었고, 그들의 삶을 지탱한 먹거리는 노예와 외국인의 노동이 채워주었다. 민주주의의 이상은 평등을 말했지만, 그 평등은 그리스 시민 자신들만의 것이었다. 이상적인 폴리스의 정신은 도시 경계를 넘어 확장되지 못했고, 도시국가 간의 경쟁과 분열은 그 힘을 소진시켰다. 철학과 예술이 절정을 이룬 순간에도, 그 문명은 전쟁과 권력 투쟁에서 자유롭지 못했다.

자유는 일부의 자유였고, 이성은 배제를 정당화한 질서였다. 찬란한 아크로폴리스의 기둥은 하늘을 향해 솟아 있었지만, 그 기초에는 배제된 다수의 침묵이 깔려 있었다. 인간 중심의 문명을 노래했지만, 모든 인간을 존중하는 보편적 존엄에는 끝내 다다르지 못했다. 오늘의 우리는 찬란한 유산을 기리되, 그늘 속에 지워진 인간 존엄을 되새겨야 한다. 이는 지금 우리에게 무엇을 시사하는가?

기술이 모든 것을 생산하고 분배하는 사회가 도래해도, 그 혜택이 소수에게 집중된다면 민주주의는 껍데기만 남는다. 그리스가 남긴 자유와 이성의 정신은 인류 전체의 것이 되었지만, 정작 그리스인들 자신은 끝내 그것을 모두 누리지 못한 채 역사의 무대에서 퇴장했다. AI 시대의 우리에게 필요한 것은, 그 실패를 반복하지 않는 일이다. 자유와 평등이 경계 밖까지 확장되는 문명을 만드는 것, 그것이야말로 새로운 폴리스의 시작이다.

그리스와 이집트 모두 로마에 의해 멸망한다. 그로부터 약 1,000년 동안, 이 위대한 사유의 전통은 마치 잊힌 듯 보였다. 그러나 역사는 아이러니하게도, 기독교와 대립하던 이슬람 문명 속에서 그리스의 정신은 되살아났다. 플라톤, 아리스토텔레스, 갈레노스, 히포크라테스의 저작들이 바그다드와 코르도바의 도서관에서 복원되고 연구되었다.

어둠 속에서도 지식의 불꽃은 꺼지지 않았다.

바그다드의 도서관에서,

다마스쿠스의 학당에서,

코르도바의 별빛 아래에서

옛 지혜는 보존되고 또 새롭게 해석되었다.

그 불꽃은 이스탄불의 기억과

이슬람의 지혜로 이어져

르네상스의 새벽을 밝히는 등불이 되었고,

인간은 마침내 다시 스스로를 깨우기 시작했다.

2부

계승된 지혜,
새로운 빛이 되다

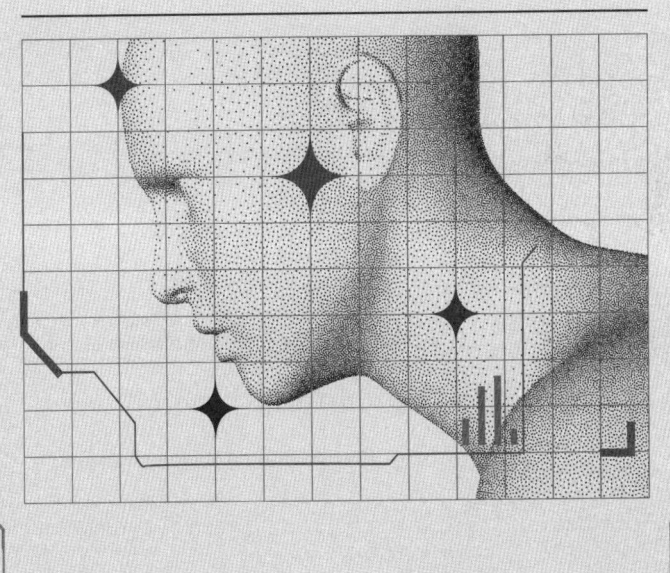

5장

이스탄불과 이슬람

- 문명은 흐른다, 바다와 육지를 잇는 다리

서양과 동양 문명이 교차한 중심지. 세속과 신성, 칼과 책이 공존한 세계.

보스포루스 해협 위로 이른 아침의 아잔이 울린다. 이곳은 신이 머물던 도시이자, 제국이 탄생한 땅. 종교와 과학, 관용과 정복이 교차했던 곳. 이스탄불은 질문한다. 서로 다름이 함께 살아갈 수 있는가.

이슬람, 새로운 문명의 탄생

7세기 초, 아라비아 반도는 다신교를 믿는 수많은 부족들이 흩어져 살아가던 땅이었다. 극심한 경제 불평등과 부족 간의 갈등은 사회 불안을 심화시키고 있었다. 그런 상황 속에서 메카에서 상업으로 큰 성공을 거두고 있던 무함마드Muhammad는, 서기 610년경 히라Hira 동굴에서 천사 가브리엘을 통해 신의 계시를 받는다. 이는 곧 천년을 이어갈 새로운 문명의 서막이 되었다.

이슬람은 기존 부족들의 다신교 신앙을 유일신 신앙으로 대체하며, 곧 제국 건설에 나선다. 그리고 이슬람은 현존하는 세계 최대 규모의 결속력을 지닌 종교 중 하나가 된다. 왜 이토록 강한 결속력을 지닐 수 있었을까? 그것은 이슬람 종교의 본질, 즉 "믿음Iman과 실천Amal은 하나다"라는 원리에 있다. 이슬람에서 신앙은 단지 '믿는 것'만으로는 불완전하며, 반드시 행동으로 실천되어야 완성된다고 본다.

무슬림들이 실천해야 할 다섯 가지 의무오주: 五柱. 이슬람의 다섯 가지 기둥는 다음과 같다:

- 신앙고백(샤하다, Shahada)
- "알라 외에 신은 없으며, 무함마드는 그의 사도"라는 선언
- 기도(살라트, salāt)
- 하루 다섯 번, 메카를 향해 드리는 예배
- 자선(자카트, zakāt)
- 사회 윤리를 실천하기 위한 의무적 기부
- 단식(사움, ṣawm) – 매년 한 달간 라마단 기간의 금식
- 성지순례(하즈, Hajj) – 일생에 한 번, 메카를 향한 순례

이 중에서도 '자카트', 즉 자선을 법적 · 종교적으로 의무화한 점은 주목할 만하다. 이는 유대교의 '체다카' 정도를 제외하고는 거의 찾아볼 수 없는 독특한 제도이며, 공동체의 결속을 강화하고 사회적 불평등을 완화하는 강력한 장치로 작용한다. 이처럼

공동체 중심적 윤리 체계는 거대한 제국의 형성과 지속에 중요한 기반이 되었다.

이슬람은 메카에서 시작하여, 우마이야 왕조 시기에는 다마스쿠스Damascus, 압바스 왕조 시기에는 바그다드Baghdad, 파티마 왕조 이후에는 카이로Cairo를 중심지로 삼는다. 그러다 1453년, 오스만 제국이 비잔틴 제국의 수도 콘스탄티노플을 정복하면서 이슬람 세계의 중심은 이스탄불로 옮겨진다.

오늘날 석유를 기반으로 부를 누리는 걸프 지역의 아랍 국가들이 이슬람 세계의 중심처럼 여겨지지만, 중세와 근대 유럽에 있어 이슬람 세계의 상징은 단연 이스탄불이었다. 오스만 제국의 수도이자 유럽과 교역, 문화, 군사 등 여러 분야에서 긴밀히 얽힌 이 도시는 경외와 질투, 동경과 두려움이 공존하는 문명적 대상이었다.

이스탄불 - 2,700년 문명의 중심지

이스탄불은 오스만 제국 시기 종교, 정치, 경제가 결합된 복합 도시이자, 동서 문명 교차점의 상징으로 600년 이상 이슬람 세계의 중심 역할을 했다. 그러나 이슬람 이전에도 이 도시는 이미 1100년 넘는 기독교 문명의 심장이었다.

로마 제국이 동·서로 분열된 후, 콘스탄티노플현재의 이스탄불은 동로마비잔틴 제국의 수도가 되었다. 330년부터 1453년까지, 즉 1100년 넘게 기독교 문명의 중심지로 기능하며, 세계 역사상 유례없이 기독교와 이슬람 양 문명의 수도 역할을 한 유일한 도시가 된다. 도시의 기원은 훨씬 이전으로 거슬러 올라간다. 기원전 657년경, 고대 그리스인들은 보스포루스 해협의 전략적 중요성을 간파하고 이곳에 해상 요충지인 비잔티움Byzantium을 건설한다. 이후 330년, 콘스탄티누스 1세가 이 도시를 '제2의 로마'로 선포하며 도시를 새롭게 재건하고, 자신의 이름을 따서 콘스탄티노플로 개명한다. 6세기, 유스티니아누스 황제는 동방 정교회의 총본산으로 성 소피아 대성당Hagia Sophia을 건축한다. 이 성당은 1453년 오스만 제국의 메흐메트 2세에 의해 이슬람의 모스크로 전환되고, 20세기에는 기독교와 이슬람의 공존 상징으로 박물관이 되어 오늘날까지 '아이야 소피아'라는 이름으로 세계인의 사랑을 받고 있다.

이스탄불의 독특함은 역사에만 머물지 않는다. 지리적 구조 또한 이 도시를 특별하게 만든다. 대부분의 세계 도시가 하나의 대륙에 속하고 강을 끼고 있다면, 이스탄불은 두 개의 대륙유럽과 아시아에 걸쳐 있고, 강이 아닌 해협이 도시를 가른다. 도시 한복판을 흐르는 것은 바로 보스포루스 해협Bosphorus Strait이다. 이 해협은 북쪽의 흑해와 남쪽의 마르마라해를 연결하며, 아시아와 유럽을

성 소피아 성당 내부 전경-이슬람 모스크로 꾸며져 있다.

성 소피아 성당 내부 모자이크 중앙에 그리스도 판토크라토르 좌측에는 황제 콘스탄티누스 9세 모노마코스 우측에는 황후 조에가 새겨져 있다.

갈라놓는 30km 남짓한 자연적 경계이자, 동시에 지중해 세계와 동방 세계를 이어주는 문명 교차로이다. 보스포루스 해협을 사이에 두고, 한쪽은 유럽, 다른 한쪽은 아시아. 이 해협 덕분에 이스탄불은 언제나 교류와 전쟁, 상업과 종교, 충돌과 융합의 최전선에 있었다. 이곳은 그야말로 세계를 녹여 하나로 만드는 '문명의 용광로'라 불릴 만한 도시이다.

그리스 문명과 이슬람 문명, 그리고 르네상스는 지적·문화적으로 긴밀하게 연결된 흐름 속에 있다. 서로마 제국이 이민족의 침입으로 피폐해져 그리스 문명의 정수들이 로마에서 자취를 감췄을 때, 콘스탄티노플은 비교적 안정된 정치 질서와 풍족한 경제 기반 위에서 고대 문명을 계승할 여건을 유지하고 있었다. 콘스탄티누스 대제가 330년 이 도시를 동로마 제국의 수도로 삼으며, 그리스 전통과 기독교의 결합을 도시의 핵심 가치로 설정한 것도 그 연속성의 시작이었다. 그는 로마의 공용어였던 라틴어 대신 그리스어를 공식 언어로 채택하면서, 고대 그리스 문화의 지속적 계승을 가능케 했다.

그뿐 아니라 아리스토텔레스, 플라톤, 히포크라테스 등 고대 그리스의 철학과 과학, 수사학, 문학의 주요 저작들은 복사되고 주석이 달려 보존되었으며, 콘스탄티노플은 고대 그리스 문명의 '제2의 아테네'로 불리기에 손색이 없었다. 그리스 교육의 핵심

이념인 '파이데이아paideia' - 인격과 지성의 조화를 추구하는 교양 교육 -역시 콘스탄티노플의 교육 제도에 계승되었다.

특히 9세기 중반, 바실리우스 1세가 설립한 콘스탄티노플 대학 마그나우라 학교은 철학, 과학, 천문학, 문법 등을 가르치며 고전 그리스 문헌 해석의 중심지로 기능했고, 이후 수 세기 동안 고대 지식의 보존과 재해석의 허브 역할을 수행했다.

이슬람, 그리스 문명의 지적 계승자

9세기 당시 이슬람 문명의 중심지는 압바스 왕조의 수도 바그다드였다. 칼리프 알마문재위 813~833년은 바그다드에 '지혜의 집 Bayt al-Hikma'을 세워, 알렉산드리아, 안티오크, 콘스탄티노플 등지에서 수집한 고대 그리스 문헌을 아랍어로 번역하는 작업을 대대적으로 추진했다. 플라톤과 아리스토텔레스의 철학, 히포크라테스의 의학, 유클리드의 기하학, 프톨레마이오스의 천문학 등 그리스 문명의 핵심 지식이 이슬람 세계에서 다시 꽃을 피웠고, 그 번역과 해석을 담당한 무슬림 학자들의 지적 깊이는 단순한 복사 수준을 넘어서 재창조의 수준에 도달했다.

그 대표적 사례로 이븐 시나Avicenna의 『의학 정전Al-Qanun fi al-Tibb』은 17세기까지 유럽 의과대학에서 표준 교과서로 사용될 만큼 영향력이 컸으며, 인도의 수 체계를 받아들여 발전시킨 '아라비아 숫자' 체계도 우리가 오늘날까지 사용하는 기초가 되었다.

이슬람 문명은 8세기부터 13세기까지 고대 그리스와 헬레니즘 시대의 학문을 계승·보존·해석·발전시켜, 후일 서유럽 르네상스의 지적 토대를 제공했다. 이러한 성취는 이슬람 문명이 배타적이지 않고 포용적이며 개방적인 문명이었음을 보여준다.

포용의 정신 - 메흐메트 2세와 악바르 대제

이슬람 세계에는 타종교를 포용하고 다양성을 인정한 통치자들이 많았다. 1453년 콘스탄티노플을 함락한 메흐메트 2세^{Mehmet} ^{II}는 기독교 성직자들과 비잔틴 귀족들을 보호하고, 정교회 수장을 재임명해 기독교 공동체의 자율성을 인정했다. 이슬람은 초기부터 기독교와 유대교는 경전이 있는 계시 종교로, 디미^{dhimmi} 공동체로 이슬람으로 개종하지 않고도 신앙을 유지할 수 있도록 인정했다. 디미 공동체는 자체 종교 법에 따라 재판, 예배당 운영, 성직자 선출 등을 자율적으로 수행할 수 있었다. 메흐메트 2세 또한 위의 정책들을 계승하였으며, 그리스인, 아르메니아인, 유대인 등을 골고루 정착시켜 종교 공동체별로 구역을 나누어 거주하게 함으로써 사회적 안전도 보장했다. 이는 기독교 세계에서는 보기 힘든 일이었다. 인도의 무굴제국 악바르 대제^{Akbar the Great}는 이보다 한층 더 깊은 포용 정책을 펼쳤다. 힌두교, 자이나교,

조로아스터교, 기독교, 불교 등 다양한 종교가 얽힌 인도에서 그는 '이바다트 카나Ibadat Khana'라 불리는 종교 회의를 정기적으로 열어, 각 종파 대표들이 동등하게 토론할 수 있도록 했다. 이러한 관용과 대화의 공간은 종교 갈등의 완화와 상호 이해 증진에 큰 기여를 했다. 이슬람이 통치하던 스페인의 코르도바 역시 무슬림, 유대인, 기독교인이 평화롭게 공존했던 다종교 도시였다.

십자군으로 시작된 콘스탄티노플의 쇠락1202년, 교황 인노첸시오 3세의 주도로 일어난 제4차 십자군 원정은 예루살렘이 아닌 기독교 형제 국가인 동로마 제국의 수도 콘스탄티노플을 공격하는 것으로 전개되었다. 종교 전쟁이라는 이름 아래 기독교 내 갈등이 가장 파괴적인 방식으로 표출된 사건이었다. 이는 종교적 숭고함과는 거리가 먼 경제적 이익을 위한 폭력적 약탈 행위였다.

이후 비잔틴 황위 찬탈자 알렉시오 4세의 요청으로 십자군은 콘스탄티노플로 향하게 되고, 내분으로 알렉시오가 암살되자 십자군은 도시를 무력으로 점령한다. 점령 후 약 3일간 자행된 약탈과 학살은 이슬람 도시에 대한 침공보다 훨씬 더 가혹했다. 성소피아 성당은 말 탄 십자군들이 제단 위에서 매춘을 벌일 정도로 모욕당했고, 비잔틴 제국이 수세기에 걸쳐 축적한 예술품과 고대 문헌들은 유럽으로 반출되거나 파괴되었다. 도시 시민들은 지위 고하를 막론하고 살해당하거나 강간당하고, 노예로 끌려갔다. 이들은 그리스도교의 이름으로 형제를 학살한 전쟁 범죄자들이었다.

십자군은 한발 더 나아가 '라틴 제국'을 수립하여 동방 정교회 지역을 통치하려 하였고, 비잔틴 제국은 약 60년 후에야 명목상 수도를 회복하게 되지만, 이제는 이전과 같은 제국이 아닌 도시 국가 수준으로 전락하고 만다. 이는 서방 가톨릭과 동방 정교 간의 돌이킬 수 없는 분열을 야기하였고, 콘스탄티노플은 이후 오스만 제국의 그림자 아래 쇠락의 길을 걷게 된다.

메흐메트 2세의 목표는 단순한 정복이 아니었다

이처럼 약화된 콘스탄티노플을 바라보며, 1451년 즉위한 메흐메트 2세는 도시의 점령을 필생의 사명으로 삼는다. 그러나 그의 목적은 단지 군사적 정복이나 세력 확장이 아니었다. 그는 문명의 중심을 다시금 이스탄불로 옮기고자 하는 의지, 그리고 기독교 · 그리스 문명을 흡수해 오스만 제국을 고도로 문명화된 세계 제국으로 재편하고자 하는 철학적 포부를 품고 있었다.

이로써 콘스탄티노플은 이슬람의 손에 넘어가면서도 이전 문명의 유산이 철저히 파괴되지 않고, 이슬람 문명 안에서 흡수되고 재구성되는 독특한 길을 걷게 된다. 바로 이 지점에서, 그리스 - 이슬람 - 르네상스라는 문명의 연결 고리가 완성된다. 메흐메트 2세가 콘스탄티노플 점령을 자신의 '필생의 사명'으로 여긴 데에는 세 가지 이유가 있었다.

첫째는 제국의 통일을 위한 전략적 필요성이었다. 콘스탄티노플은 오스만 제국의 중심부에 위치하여 제국을 동서로 갈라놓고 있었다. 오스만의 기존 수도였던 에디르네^{Edirne, 옛 아드리아노플}는 제국의 서쪽 끝에 위치해 있었고, 동방과의 연결 거점인 콘스탄티노플을 장악하지 못한 상태로는 제국의 완전한 통치와 정치적 정당성 확보가 불가능했다. 따라서 이 도시는 결코 포기할 수 없는 전략 요충지였다.

둘째는 정신적 야망이었다. 메흐메트 2세는 단지 투르크 왕으로 남기를 원하지 않았다. 그는 로마 제국의 계승자가 되어 두 문명을 통합하는 제국의 지도자, '세상의 중심'이 되고자 했다. 실제로 그는 콘스탄티노플을 점령한 직후 자신을 '카이사르 노마누스^{Caesar Romanus}', 즉 로마 황제로 칭하며, 오스만 제국을 명실상부한 로마의 후계 국가로 자리매김하고자 했다.

셋째는 종교적 사명을 완수하기 위한 것이었다. 무함마드 예언자는 일찍이 "너희들은 반드시 콘스탄티노플을 정복할 것이다. 그 지휘관은 훌륭한 지휘관이며, 그 군대는 훌륭한 군대일 것이다"^{하디스}라고 예언했다. 수많은 술탄들이 이 예언을 실현하려 했

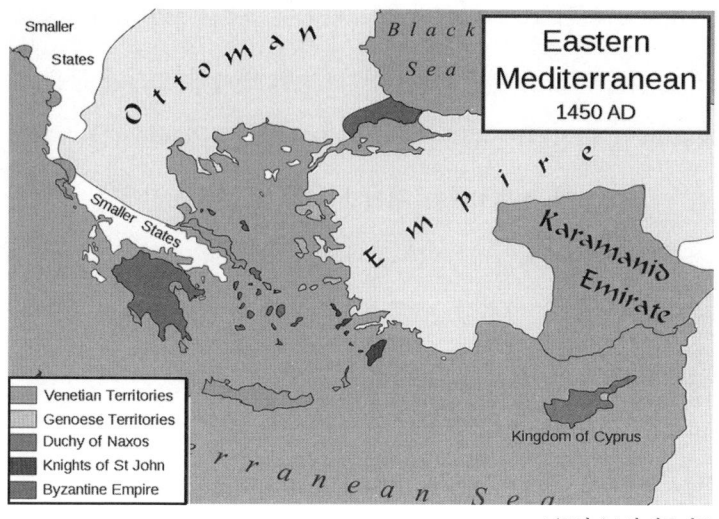

으나 누구도 성공하지 못했다. 이 미완의 예언을 실현함으로써
메흐메트 2세는 이슬람 세계에서 영원히 추앙받는 정복자가 되
고자 했다. 그는 훗날 '파티흐Fatih, 정복자'라는 칭호로 불리며, 이슬
람 역사에서 불멸의 이름이 된다. 동로마의 수도였던 중심 지역
역시 그의 업적을 기려 '파티흐'라는 행정구역명으로 명명되었
고, 현재 이 지역은 유네스코 세계유산으로 등재된 이스탄불 역
사 지구Historic Areas of Istanbul에 포함되어 있다. 여기에는 아이야
소피아Hagia Sophia, 블루 모스크Sultan Ahmet Mosque, 토프카프 궁전,
테오도시우스 성벽 등 세계 문화유산이 밀집해 있으며, 오늘날까
지도 세계인의 발걸음이 끊이지 않는다.

이런 강력한 사명감과 의지를 가진 메흐메트 2세는 치밀한 준비를 바탕으로 공성전에 돌입한다. 병력 면에서 오스만 군은 약 8만여 명, 비잔틴의 수비병력은 약 7천 명으로 10배 이상의 전력을 동원했지만, 1,000년을 견뎌낸 철옹성 테오도시우스 성벽은 가장 큰 장애물이었다. 이를 돌파하기 위해 헝가리 출신 기술자 우르반Urban의 도움으로 무게 20톤, 포탄 무게 500kg에 이르는 초대형 대포를 제작하여 배치했다. 또한, 금각만Golden Horn 방향의 바다에서 공격이 어려워지자 함선을 기름칠한 통나무 위에 올려 육로로 끌어올리는 전략을 구사하여 해상 측면에서의 공격도 동시에 감행했다. 이 기동은 전쟁사에 길이 남을 전설적 전략으로 평가받는다. 하지만 이러한 전력과 전략에도 불구하고 콘스탄티노플은 쉽게 무너지지 않았다. 1453년 4월 6일 시작된 공성전은 53일간의 치열한 전투 끝에 5월 29일 마침내 함락 된다.

새로운 세계로 향하는 전환점

콘스탄티노플의 함락은 단지 한 도시의 점령에 그치지 않았다. 이는 소아시아를 완전하게 통합한 역사적 사건이었으며, 오스만 제국을 명실상부한 세계 제국으로 부상시키는 결정적 계기가 되었다. 개명된 도시 '이스탄불'은 이후 500년 넘게 이슬람 세계의 학문·예술·문화의 중심지로 기능하게 된다. 이 전쟁은 이슬람 입장에서는 신성한 예언의 실현이자 기독교에 대한 신의 승리를 의미했지만, 서방 세계에서는 단순한 패배가 아닌 정신적 기반의 붕괴를 의미했다.

19세기, 프리드리히 니체는 "신은 죽었다"는 선언을 통해 절대적 도덕·진리·전통의 붕괴와 인간 중심의 이성·과학 시대의 도래를 상징적으로 선포했다. 니체의 선언은 기존 가치의 붕괴와 새로운 문명 질서로의 전환이라는 상징적 측면에서 유사한 역사적 좌표를 공유한다. 이스탄불의 함락은 기독교 세계의 공간 해체, 니체의 명제는 기독교 정신의 해체였던 셈이다. 콘스탄티노플의 함락은 동로마 제국의 최종 멸망이었고, 이는 유럽 중세의 종언을 알리는 사건으로 간주된다. 이스탄불은 그렇게 과거와 미래, 동양과 서양, 종교와 세속을 잇는 문명의 문지방으로 자리 잡았다.

세계 문명의 용광로 – 세계 양대 종교의 교차점 이스탄불

이스탄불, 여기에는 2,700년 문명이 응축되어 있으며, 고대 그리스의 지성, 기독교의 신성, 이슬람의 통합력이 교차하는 세계 문명의 용광로로 기능해왔다. 그리고 바로 이곳에서 근대 세계로 향하는 문이 열렸으며, 이 문을 통해 넘나들던 학자들과 사상, 문헌들은 르네상스의 불꽃이 되어 서구 세계를 재구성하기 시작했다.

이스탄불은 그렇게, 역사의 결절점에서 끊임없이 새로운 문명을 잉태해 온 도시로 남는다.

오스만 제국이 해체된 후, 1923년 무스타파 케말 아타튀르크는 튀르키예 공화국을 수립한다. 외세를 물리치고 오늘날의 튀르키예 국가를 세운 그는 '튀르키예의 국부'로 존경받고 있으며, 그의 개혁은 튀르키예 근대화의 출발점이 되었다. 장구한 세월 동안 세계사의 중심에 있었던 이스탄불은 경제, 문화, 인구 면에서 여전히 튀르키예 제1의 도시로 군림하고 있다. 현대화된 이스탄불은 역사 유적, 유물, 그리고 유럽과 아시아를 나누는 아름다운 해협의 풍광으로 전 세계 여행객들을 끌어모으는 명실상부한 세계 도시다.

블루모스크 전경

보로포루스 해협을 연결하는 대교-유럽과 아시아 대륙을 연결하는 대교이다.

이스탄불의 구시가지는 찬란했던 문명의 유산들이 밀집된 역사 박물관이라 해도 과언이 아니다. 특히, 마주 보듯이 서 있는 아이야 소피아Hagia Sophia와 술탄 아흐메트 모스크Sultan Ahmet Mosque, 일명 블루 모스크는 그 상징성과 아름다움으로 방문객들의 감탄을 자아낸다. 아이야 소피아는 비잔틴 시대의 정교한 성화들이 지금도 남아 있어 그 가치를 더한다. 서쪽 갤러리에 있는 데이시스 모자이크Deesis Mosaic는 중앙의 예수 그리스도를 중심으로 좌우에 성모 마리아와 세례자 요한이 배치되어 있는데, 이는 중세 비잔틴 미술의 절정을 보여준다. '데이시스'는 그리스어로 '간청' 또는 '중재'를 의미하며, 마리아와 요한이 인류를 위해 예수께 기도드리는 장면이다.

이외에도 황제 콘스탄티누스 대제가 도시와 교회를 예수께 바치는 모습, 천사 모자이크세라핌 등이 중앙 돔과 삼각천장에 남아 있어 고대 기독교 예술의 걸작들을 감상할 수 있다. 이 모든 유산은 1453년 메흐메트 2세가 콘스탄티노플을 점령한 후, 아이야 소피아를 파괴하지 않고 보존하기로 결정한 덕분에 오늘날까지 전해지고 있다. 반면 블루 모스크는 이슬람 건축의 장엄함과 미학을 동시에 보여주는 걸작이다. 중앙 돔은 천국의 무한한 공간을 상징하며, 내부는 오스만 시대 대표 서예가들이 남긴 칼리그래피와 코란 구절들로 장식되어 있다. 청색, 옥색, 남색의 타일로 구성된 벽면은 차분하고 신비로운 분위기를 자아내며, 무려 2만 장의 이즈닉 타일이 모스크 전체를 장식하고 있다. 원래 이름은 술탄 아흐메트 모스크지만, 이처럼 화려한 청색 타일 장식 덕분에 서양인들이 '블루 모스크'로 부르기 시작하며 별칭이 정착되었다. 특히 6개의 미나렛첨탑은 술탄이 메카의 대모스크와 같은 위상을 원한 상징적 표현이며, 스테인드글라스 창을 통해 쏟아지는 빛은 내부의 은은한 타일 색감과 어우러져, 성스러운 분위기를 극대화한다. 블루 모스크에서 멀지 않은 곳에는 바실리카 수조Basilica Cistern가 있다. 튀르키예어로 예레바탄 사라이Yerebatan Sarnıcı라 불리는 이 수조는, 비잔틴 제국 유스티니아누스 황제 시절에 건설된 거대한 지하 저수 시설로, 약 8만 톤의 물을 저장할 수 있도록 설계되었다. 특히 고대 건축물에서 가져온 다양한 재활용 기둥들이 숲처럼 서 있으며, 그중 메두사의 머리를 거꾸로 세운 기둥은 독특한 미스터리를 안고 있어 관광객의 관심을 끌고 있다. 수조 내부는 조명과 물이 어우러져 몽환적이고 신비로운 분위기를 연출하며, 사진 촬영지로도 인기 있는 명소다.

이스탄불에는 오스만 제국의 역사를 대표하는 두 궁전이 존재한다. 하나는 구시가지의 중심에 위치한 톱카프 궁전^{Topkapi Palace}, 다른 하나는 보스포루스 해협 서안에 지어진 돌마바흐체 궁전 ^{Dolmabahce Palace}이다. 톱카프 궁전은 오스만 제국 전성기에 술탄들이 사용한 궁전으로, 보스포루스 해협, 황금각만, 마르마라해가 한눈에 내려다보이는 언덕 위에 위치한다. 궁 안에는 하렘과

바실리카 수조에 있는 메두사 머리 기둥-
머리가 거꾸로 위치하고 있다.

다양한 파빌리온, 정원들이 정비되어 있고, 내부에는 세계적인 보물이 다수 전시되어 있다. 그중에서도 가장 유명한 것은 86캐럿의 '카슈크칠라르 다이아몬드Kasıkcı Elması'로, 물방울 모양의 거대한 보석이다. 이 외에도 금빛 왕좌, 보석으로 장식된 칼과 단검, 예언자 무함마드의 유품, 모세의 지팡이, 다윗왕의 검 등 이슬람 세계의 성유물들이 전시되어 있어, 오스만 술탄이 단지 정치적 군주가 아닌 이슬람 칼리프였음을 상징적으로 보여준다.

한편, 돌마바흐체 궁전은 제국 쇠퇴기에 건립된 궁전으로, 유럽식 건축 양식과 오리엔탈리즘이 결합된 대표적 건축물이다. 궁전의 규모는 작지만, 4.6톤에 달하는 세계 최대의 보헤미안 샹들

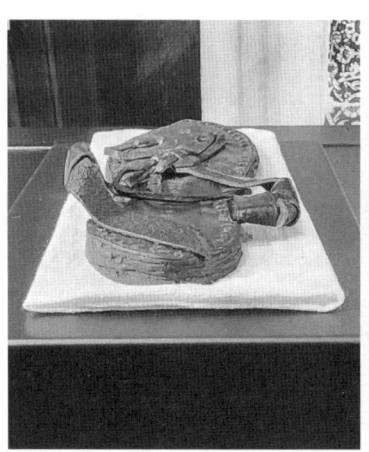

마흐메트가 신었던 샌달-톱카프 궁전에 전시되어 있다.

톱카프 궁전에 전시되어 있는 86캐럿의 물방울 다이아몬드, 일명 수푼다이아몬드라고 불리며 튀르키예 국보급 보석이다.

리에와 화려한 응접실, 회랑의 전투 장면 벽화 등은 제국 말기의 웅장한 자기 과시와 불안한 미래를 동시에 보여준다.

특히, 황제가 집무실에서 하렘으로 이동하는 회랑 벽면에 전투 장면을 그려놓은 것은, 쇠퇴하는 제국이 과거의 영광을 되살리고자 하는 심리적 염원의 표현으로 읽힌다. 황제가 자신의 여인을 만나러 가는 길에 격렬한 전투 장면은 웬지 어울리거 같지 않지만 제국이 쇠퇴를 막고자 했던 황제들의 바람이 만들어 놓은 공간인 셈이다. 하지만 이 궁전의 과도한 건축 비용은 제국의 국고를 심각하게 고갈시켰고, 오스만 제국은 이후 유럽 은행들에 재정 주권을 상실하게 되며, 결국 몰락을 재촉하게 된다. 이는 조선 말기 무리한 경복궁 중건과 닮은 장면이기도 하다.

이스탄불은 이외에도 수많은 명소와 볼거리로 가득하다. 예를 들어, 금각만Golden Horn을 가로지르는 갈라타 다리 위에서 낚시하는 현지인들의 모습은 이 도시의 여유와 낭만을 보여준다. 또한 제국의 수도였던 이스탄불에 전 세계의 물산이 모였던 시장, 그랜드 바자르Grand Bazaar는 여전히 생생한 교역의 장이자 전통의 숨결을 느낄 수 있는 공간이다. 지금은 2천년 넘게 이어져온 세계 최대 부의 집산지로서 지위는 많이 퇴색하였지만 여전히 세계 최대 시장으로서 생동감이 넘쳐 난다.

오스만 제국 시기의 신민들의 삶

오스만 제국 시기, 제국의 신민들은 종교와 지역에 따라 다양한 삶을 살아갔다. 특히 이스탄불에 거주하던 무슬림들은 모스크를 중심으로 구성된 종교 공동체의 일원으로서 생활하며 강한 공동체 의식을 공유했다. 이런 공동체 의식은 삶을 지탱하는 큰 힘이었다. 인류는 수렵·채집 시기부터 공동체 생활을 시작했으며, 문명이 발전하면서 가족-씨족-부족-도시국가-민족국가로 점점 더 큰 사회 단위에 속하게 되었다. 이처럼 커져가는 공동체는 힘의 원천이자 동시에 갈등의 근원이 되기도 한다. 그중에서도 이슬람 공동체움마, Ummah는 단일 국가를 넘어서는 종교적 결속체로, 전 지구적 규모의 공동체라 할 수 있다. 이스탄불의 무슬림들은 이슬람의 종교적 의무를 일상에 깊이 체화하며, 장인·상인·학자·군인·관료 등 다양한 직업에 종사했다. 일상은 모스크, 바자르시장, 하맘목욕탕을 중심으로 이루어졌고, 바자르는 단순한 상업의 공간을 넘어 사회적 교류의 중심지였다.

이슬람 세계에서 노동은 단순한 생계의 수단을 넘어 지식의 탐구와 교역의 확장으로 이어졌다. 장인과 학자가 똑같이 '알라의 뜻'을 실현하는 노동자로 여겨졌다. 경제활동은 전적으로 길드 조직에스나프 중심으로 이루어졌다. 남성 중심의 경제활동의 영향은 오늘날 남성이 장보는 것으로 남아 있다.

톱카프 궁전에 전시되어 있는 청화백자와 청자-오토만 제국의 세계적 교역망을 보여준다.

카페 문화가 발달하여 물담배를 피우며 토론하는 문화적 공간으로도 기능했다. 이는 오스만 사회의 개방성과 지적 교류를 상징한다.

이스탄불 상류층의 화려한 식생활은 톱카프 궁전의 궁전 부엌에서 그 흔적을 확인할 수 있다. 궁전의 출구 쪽에 위치한 이 부엌은 규모뿐 아니라 다양한 조리기구와 식기류가 전시되어 있으며, 오스만 시대의 정교하고 다양한 식문화를 보여준다. 전시된 식기 중에는 청화백자도 다수 포함되어 있어, 오스만 제국이 가진 방대한 교역망과 국제성을 실감하게 한다.

당시 식단은 돼지고기를 제외한 소고기 · 양고기 · 닭고기 등 다양한 육류를 할랄 방식으로 도축해 케밥, 쿠프테, 돌마 등의 요리로 즐겼다. 채소는 오크라, 양파, 시금치 등 영양가 있는 식재료가 다양하게 쓰였고, 지중해 인접 국가답게 올리브, 허브, 토마토가 널리 사용되었다. 또한, 요거트, 치즈, 버터, 크림 등의 유제품과 렌즈콩, 병아리콩, 강낭콩 같은 콩류도 자주 식탁에 올랐다. 요리용 향신료 역시 그리스 아테네에 못지않게 풍부하며, 튀르키예 향신료는 오늘날까지도 세계적으로 유명하다. 바자르에 산처럼 쌓인 향신료 더미는 오스만 식문화를 대표하는 상징이다. 종교적 영향으로 알코올 음료는 겉으로는 널리 소비되지 않았지만, 실제로는 오스만 사회에서도 일부 음주 문화가 존재했다. 대표적인 전통 증류주인 라크Raki는, 그리스의 우조Ouzo와 유사한 모습이나, 제조 방식과 주재료는 전혀 다른 술이다. 두 술 모두 야니스Anise, 아니스 향을 가지고 있으며, 물을 타면 탁해지는 현상Louching을 공유한다. 디저트도 풍성했다. 바클라바, 로쿰튀르키예 딜라이트, 헬바 등은 꿀과 설탕을 주재료로 하여 만들어졌으며, 세계적으로 유명한 튀르키예 아이스크림도 주목할 만하다. 이스탄불 거리 곳곳에는 '튀르키예 딜라이트' 전문점이 즐비하며, 로쿰은 여행자들이 즐겨 사는 기념품 중 하나다. 전반적으로 오스만 제국의 신민들은 종교적 규범 속에서도 비교적 풍부하고 다채로운 식생활을 누렸다고 할 수 있다.

이슬람이 품은 그리스 문명 – 르네상스의 토양이 되다

그리스 문명의 찬란한 유산은 로마 제국의 몰락과 함께 서유럽에서 한동안 자취를 감췄다. 그러나 그 불씨는 완전히 꺼지지 않았다. 사막과 해상 무역로를 잇는 이슬람 문명은 종교와 언어, 지리의 경계를 넘어 그리스의 철학과 과학을 품었다. 바그다드의 '지혜의 집^{Bayt al-Hikma}'에서는 아리스토텔레스와 플라톤, 히포크라테스, 유클리드의 저작이 아랍어로 번역되었고, 수많은 학자들이 이를 자신들의 천문학·수학·의학과 결합했다. 이 지적 융합은 단순한 보존을 넘어 새로운 이론과 발견으로 이어졌고, 십자군 전쟁과 안달루시아^{이베리아 반도}를 거쳐 다시 서유럽으로 전해졌다. 르네상스의 토양은 이렇게 마련되었다. 이 역사적 사실은 AI 시대를 살아가는 우리에게 중요한 메시지를 던진다. 첫째, 지식은 한 시대와 한 문명의 전유물이 아니라 인류 전체의 자산이어야 한다. 둘째, 진보는 폐쇄와 독점이 아니라 경계를 넘는 교류 속에서 탄생한다. 셋째, 단순한 보존만으로는 충분치 않으며, 재해석과 창조적 융합이 뒤따를 때 새로운 도약이 가능하다. 오늘의 AI도 마찬가지다. 데이터와 알고리즘, 연구 성과는 가능하면 개방되고 공유되어야 하며, 서로 다른 문화와 지식 체계가 결합될 때 AI는 인류 전체를 위한 도약의 도구가 될 수 있다. 이슬람이 그리스 문명을 이어받아 르네상스의 불씨를 살렸듯, 우리는

AI를 인류의 새로운 르네상스로 이끄는 길을 선택할 수 있다.

이슬람 노동 윤리가 가져다준 인류의 행운

이슬람이 그리스 문명을 계승·발전시킬 수 있었던 배경에는 '일'에 대한 독특한 가치관이 자리하고 있었다. 코란과 하디스에서 노동은 단순한 생계 수단이 아니라 신앙의 일부이자 공동체를 위한 봉사로 강조된다. 상인, 장인, 학자, 농부, 심지어 통치자까지도 각자의 자리에서 성실히 일하는 것이 신이 부여한 책무였으며, '게으름'은 단순한 무능이 아니라 도덕적 결핍으로 간주되었다. 노력과 생산은 자카트^{의무적 기부}와 결합해 사회 전체의 유익으로 환원되었고, 이런 윤리는 꾸준한 번역·연구·교육 활동을 가능하게 하여 지식의 보존과 전파를 뒷받침했다. 그 결과 이슬람 문명은 수세기 동안 문명 간 연결의 다리가 되었고, 이는 곧 르네상스로 이어지는 토대를 만들었다. 오늘날 AI 시대에도 기술과 데이터가 인류 전체의 번영으로 이어지기 위해서는, 이처럼 '공동체를 위한 일'이라는 가치가 다시금 중요해지고 있다.

그리스 문명의 역류 - 이슬람을 통해 다시 서구로

콘스탄티노플에서 재해석되고 정비된 고대 그리스 문명의 정수는 이슬람 세계를 거쳐 다시 서유럽으로 역유입된다. 이러한 문명적 전파는 잠들어 있던 서방 세계를 자극했고, 마침내 피렌체에서 시작된 르네상스는 16세기 로마에서 그 꽃을 피우게 된다. 르네상스를 거치면서 인간의 사고방식은 변모하고, 자연을 새로운 시선으로 이해하며, 사회 구조의 변화를 통해 산업혁명의 기반을 형성한다.

6장

르네상스

- 다시 깨어난 인간 정신, 유럽을 깨우다

다시 시작된 자연 · 이성 · 지식 탐구의 대장정 - 고대의 빛이 중세의 어둠을 비추다.

피렌체의 공방에서 조각가는 대리석 속에서 인간을 끌어낸다. '신의 형상'을 따르던 손이 이제 '인간 그 자체'를 조형하기 시작했다. 르네상스는 과거를 발굴하고, 감정을 회복하며, 이성을 통해 인간의 가능성을 다시 열어젖혔다.

르네상스 인간을 깨우다

고대 그리스의 정신이 이슬람 세계에서 숨을 고르고, 다시 서유럽으로 돌아왔을 때, 그것은 단순한 옛 사상의 부활이 아니었다. 새로운 언어와 사유, 그리고 기술과 결합한 이 지적 유산은, 피렌체의 화실과 로마의 광장에서 다시 꽃을 피웠다. 예술가는 인간의 몸과 마음을, 과학자는 자연의 질서를, 철학자는 사회와 국가의 의미를 새롭게 그려냈다. 이 부활의 물결은 유럽을 근대라는 미지의 강으로 떠밀었고, 마침내 산업혁명의 격류를 향해

흘러가게 했다. 이제 우리는 그 여정의 또 다른 발원지, 로마로 향한다.

로마는 단순한 한 도시의 이름이 아니다. 그것은 유럽 문명의 골격을 세운 법과 제도, 정치와 공공성, 그리고 '공화Res Publica'라는 개념을 인류에게 남긴 정신적 상징이다. 그 어떤 도시도 로마처럼 길고도 넓은 영향을 인류 역사에 끼친 적은 드물다. 그리스가 '생각하는 인간'의 시대를 열었다면, 한때 세계를 호령하던 제국의 수도였으며, 중세의 교황권을 상징하는 중심지였고, 르네상스의 불꽃이 활활 타오른 문화의 중심지였던 로마는, 수천 년의 시간을 지나며 영혼의 도시로 거듭났다. 인간의 정신이 신 중심의 세계관에서 벗어나, 스스로 생각하고 탐구하며 판단하는 존재로 되돌아온 시대. 지성의 부활, 정신의 각성이 바로 '르네상스Renaissance'다.

피렌체, 깨어나는 도시 국가

르네상스는 피렌체에서 시작되었다. 피렌체는 중세의 전형적인 봉건국가와 달리 시민들의 정치 참여가 활발했던 도시국가였으며, '레푸블리카 디 피렌체Repubblica di Firenze'라는 공화정 체제를 운영했다. 귀족, 상공인, 시민 계층이 복잡하게 얽혀 있던 이 체제는 중세와 근대를 잇는 과도기적 형태였으며, 정치적 자유와 활력을 동시에 지니고 있었다. 이 정치 체제 속에서 활약한 인물이 바로 마키아벨리다. 그는 『군주론』을 통해 정치를 도덕과 종교에서 분리해 처음으로 '현실 정치'의 냉혹한 본질을 통찰하며, 근대 정치학의 문을 연다.

이처럼 정치적 실험과 활력이 넘쳤던 피렌체는 메디치 가문의 문화 후원을 통해 인문·예술 르네상스의 진원지가 되었다. 금융과 무역으로 부를 축적한 메디치 가문은 예술가, 철학자, 과학자들을 아낌없이 지원했다. '국가의 아버지' 코시모 데 메디치와 '위대한 로렌초' 로렌초 일 마니피코는 보티첼리(비너스의 탄생), 도나텔로(다비드 상), 브루넬레스키(피렌체 대성당 돔 건축), 그리고 초기의 레오나르도 다빈치 등 수많은 인재들을 후원했다. 이처럼 피렌체는 중세적 질서에 갇히지 않고 새로운 사유와 표현의 실험장이 되기에 더없이 좋은 환경이었다.

로마로 이동한 중심 – 정치의 몰락, 상징의 부활

그러나 상업 도시 피렌체에는 한계가 있었다. 유럽 전역을 아우르는 영향력을 가지기에는 정치적 기반이 취약했고, 메디치 가문의 정치적 몰락 이후 후원 체계도 붕괴된다. 이 틈을 타 르네상스의 중심지는 로마로 옮겨간다.

로마는 이미 쇠락한 도시였지만, 교황이 집무하는 곳이었기에 여전히 서방 세계의 정신적 권위가 살아 있는 도시였다. 동시에 고대 문명의 실체적 유산이 남아 있는 상징의 공간이기도 했다. 그리스는 당시 오스만 제국의 지배하에 있어, 고대 문명의 주도권을 되살리기 어려운 상황이었다.

이에 따라 교황들은 피렌체의 메디치 가문이 약화된 틈을 타 예술 후원을 주도하며 로마를 '새로운 고대'의 무대로 탈바꿈시킨다. 이들이 추진한 '로마 재건 프로젝트'는 단순한 도시 개발이 아닌, 제국의 정신과 교황권의 위엄을 복원하려는 야심 찬 기획이었다. 성 베드로 대성당 재건1506~1626년, 시스티나 예배당 건축 1473~1512년, 바티칸 궁의 등은 모두 이 프로젝트의 일환이었다.

이 과정에서 미켈란젤로는 시스티나 성당에《천지창조》와《최후의 심판》이라는 불멸의 걸작을 남기고, 라파엘로는《아테네 학당》을 통해 고대 철학자들을 르네상스 인문주의자로 재현했다.

〈아담의 창조〉 _ 미켈란젤로 作

베르니니는 성 베드로 광장, 트리톤 분수 등 도시 곳곳에 '신성한 역동성'을 불어넣었다. 이처럼 로마로의 중심 이동은 단순한 공간 이동이 아니라, 상징적 르네상스의 확장이었다. 피렌체가 씨앗을 뿌렸다면, 로마는 그것을 유럽 전체로 퍼뜨리는 중심축 역할을 하게 된 것이다.

어떻게 고대의 지식은 되살아났는가?

그렇다면 한동안 잊혀졌던 고대 그리스의 인문 정신은 어떻게 르네상스를 자극할 수 있었을까? 가장 핵심적인 요인은 그리스 지식의 유입과 전파였다. 유입 경로 중 하나는 이슬람 문명을 통한 유입이었다. 8세기부터 아프리카 북부와 이베리아 반도로 진출한 이슬람은 서고트 왕국의 혼란을 틈타 스페인을 점령하고, 약 800년간 이 지역을 통치하며 문화 융합을 이루었다. 그라나다가 함락되기 전까지, 알함브라 궁전과 톨레도와 같은 걸작들이 이슬람-기독교 문화의 교류 속에 탄생했다.

1492년 그라나다가 기독교 세력에 의해 함락된 이후, 이슬람 학자들이 정리해 놓은 철학·수학·의학·천문학 등 고대 그리스 문명의 지식들이 서유럽 사회로 이식되며 인문주의 운동의 밑거름이 된다.

또 하나는 콘스탄티노플 함락[1453] 이후였다. 오스만 제국의 마흐메트 2세에 의해 함락된 이후, 그리스 정교와 고대 학문을 지키려던 학자들이 대거 서유럽으로 탈출하며 고전 지식을 직접 전파한다. 이들이 가져온 고대 그리스 문헌과 해석은 르네상스 인문주의의 가장 핵심적인 기반이 되었다.

이 두 경로는 '고대 정신의 역류逆流'라 할 수 있다. 잠든 서방 지성을 깨우는 자극제가 되었고, 인간 중심의 사유가 다시 지평 위로 떠오르도록 이끈 것이다. 여기에 흑사병의 충격도 영향을 미친다. 인구가 급감하자 노동력의 가치는 높아지고, 개인의 존재가치가 사회적으로 새롭게 인식된다. 중세가 '신의 시대'였다면, 르네상스는 '인간의 귀환'을 선언한 시대였다. 인간은 다시 생각하고, 관찰하고, 표현하고, 창조하는 존재로 등장하게 된다.

알함브라 궁전

르네상스 발현의 두 번째 요인은 구텐베르크의 인쇄술 발명이다. 1450년대 독일의 요하네스 구텐베르크는 금속 활자 인쇄술을 개발하였고, 이는 인류 문명의 전환점을 이루는 혁신이었다. 인쇄술의 등장은 책을 대중이 손에 닿을 수 있는 지식의 매개로 변화시켰고, 교육의 기회를 확대시켰으며, 학문과 정보가 소수의 지배층이 아닌 일반 시민들에게까지 확산될 수 있게 했다.

서양에서 인쇄술이 등장하기 전, 책은 대부분 수도원의 수사들이 수작업으로 필사하여 만들어졌다. 이런 방식으로는 책 한 권을 완성하는 데 수개월에서 수년이 걸렸으며, 책은 그 희소성과 노동량 때문에 대단히 비쌌다. 1450년경 유럽 전체에 존재하던 책의 총량은 고작 3만~5만 권 정도에 불과했다. 그러나 인쇄술이 도입된 후, 불과 반세기 만인 1500년 무렵에는 출판된 책의 종류가 3만 종을 넘었고, 유럽 내 장서 수는 2,000만 권을 넘어섰다. 이는 지식의 민주화를 실현하였고, 이어지는 종교 개혁의 불씨를 키우는 데 결정적 역할을 하게 된다.

1455년, 구텐베르크는 '42행 성경'이라는 이름의 성경을 대량 인쇄했다. 이는 라틴어 성경으로, 한 페이지에 42줄씩 인쇄되었기에 붙여진 이름이다. 성경의 대중적 보급은 카톨릭 교회 지도자들에게 위협으로 인식되었다. 그동안 성경은 필사본 형태로 소수만이 소유할 수 있었고, 그 해석은 철저히 교회만의 권한이었다. 그러나 인쇄된 성경은 그 독점 체제를 붕괴시킬 가능성을 품고 있었다.

더 나아가 인쇄술은 자국어 성경을 대량 출판할 수 있게 하였고, 이제 사람들은 라틴어를 몰라도 신의 말씀을 직접 읽을 수 있게 되었다. 이에 로마 교황청은 자국어 성경을 '이단'으로 규정했다. "모든 사람이 제멋대로 성경을 해석하면 교회의 질서가 무너진다"는 것이 그들의 논리였다. 이는 기득권이 새로운 도전에 대응하는 전형적인 방식이기도 하다. "너희가 뭘 아느냐"는 태도는 지금 시대에도 다양한 형태로 반복된다.

그러나 신의 말씀을 직접 읽고 이해한 이들이 쉽게 물러설 리 없었다. 1517년 마르틴 루터는 '95개조 반박문'을 발표하고 이를 인쇄하여 유럽 전역에 확산시킨다. 종교개혁의 불꽃이 타오르기 시작한 것이다. 1517년부터 1546년 사이에 루터의 저작물은 5,000종 이상 출판되었고, 그 총 인쇄 부수는 1,000만 부를 넘는다. 인쇄술은 종교개혁을 촉발한 혁명적 도구였으며, 나아가 인간 사고의 새로운 시대를 열어주는 동력이 되었다.

세 번째 요인은 도시 국가들의 성장과 자율성이다. 중세 봉건 질서가 약화되며 유럽 곳곳에는 독립성과 정치적 자율성을 갖춘 도시 국가들이 등장한다. 이 도시 국가들은 봉건 영주가 지배하는 장원과 달리 비교적 자유롭고 개방적인 분위기를 지니고 있었으며, 문화와 예술에 대한 수용력도 높았다.

특히 도시 간의 경쟁은 예술·과학·건축 등 다양한 분야에서 혁신적 아이디어의 실현을 자극하는 촉매제 역할을 했다. 각 도시의 유력 가문들은 자신의 부와 권위를 드러내기 위해 학자와 예술가를 후원하였고, 이를 통해 도시 전체의 품격을 높이고자 했다. 이들 가문이 구축한 무역망과 금융 네트워크는 단순한 경제 수단에 그치지 않고, 정보·기술·사상의 빠른 확산을 가능케 하는 '지적 고속도로'로 기능했다. 여기에 앞서 언급한 인쇄술의 보급이 결합되면서, 지식의 생산과 유통이 대량화·광역화되고, 르네상스는 단일 도시나 지역을 넘어서 전 유럽으로 퍼져나가는 문명사적 흐름이 된다.

르네상스는 우리에게 무엇을 남겼는가?

많은 사람들이 '르네상스Renaissance'라는 단어에서 고대 그리스·로마 문명의 '부활'을 떠올린다. 그러나 르네상스는 단순한 고대 문명의 재현이 아니다. 그것은 인간 정신의 혁명적 전환이다. 괴베클리 테페에서 보았듯, 인류는 신을 상상하고 창조함으로써 문명을 열었다. 이후 인류의 사고는 오랫동안 신의 뜻을 해석하고 복종하는 데 집중되었다. 고대 로마가 기독교를 국교로 삼고, 이슬람 세계가 '알라'라는 유일신을 받아들이면서, 인간은 더욱 '신의 도구'로서 자기 자신을 규정했다. 신을 거스르는 행위는 곧 인간으로서의 존재 자격을 잃는 것이나 다름없었다. 이 긴 지배 속에서 단 하나의 예외는 고대 그리스의 인본주의적 사유였다. 그러나 이 역시 중세의 신 중심 세계관 앞에서는 미약한 불빛에 불과했다.

르네상스는 이 억눌린 인간 정신이 다시 자신을 보기 시작한 첫 순간이었다. 인간은 더 이상 원죄의 존재가 아니라, 스스로 사고하고, 판단하며, 창조할 수 있는 존재임을 자각했다. 인간은 곧 '우주의 축소판Microcosmos'이라는 새로운 인식이 등장한 것이다. 이는 기존 질서를 뒤엎는 거대한 사고의 혁명이었다.

사고의 전환은 급진적이었지만, 사회적 확산은 점진적으로 이루어졌다. 여전히 종교의 힘이 강하던 시대였기에, 과감한 사유와 표현은 검열, 추방, 심지어 화형의 대상이 되기도 했다. 그런 시대 분위기에서 갈릴레오의 "그래도 지구는 돈다"라는 말은, 과학적 진실을 억누를 수 없다는 신념이자, 당시 체제에 대한 묵직한 풍자이기도 했다.

르네상스는 결국 이성reason의 시대를 연다. 인간은 신의 계시가 아니라 관찰과 논리적 추론을 통해 세계를 이해하려고 했다. 천동설은 지동설로 대체되고, 신 중심 우주관은 붕괴된다. 진리를 향한 도구는 더 이상 성경이나 교황이 아니라, 인간의 이성이었다. 르네 데카르트의 선언, "나는 생각한다, 고로 존재한다"는 명제는 바로 그 전환의 정점에 서 있다. 이성만이 진리에 도달할 수 있는 유일한 방법이라는 신념은 근대 과학과 계몽주의, 그리고 오늘날의 현대 문명으로 이어지는 출발점이 된다.

르네상스 시대는 예술의 영역에서도 거대한 변화를 일으켰다. 기존의 예술은 신을 찬양하고 신앙을 전파하는 것이 주된 목적이었다. 예술 작품의 가치는 예술 자체보다는 신을 얼마나 잘 드러내는가에 따라 평가되었다. 회화에서는 인물의 크기가 원근법이 아닌 인물의 종교적 위계에 따라 결정되었으며, 비잔틴 미술을 대표하는 아이콘icon과 모자이크mosaic는 그러한 특징을 잘 보여준다. 건축물 역시 신의 세계를 상징하는 성당 중심의 양식이 주를 이루었고, 첨탑과 스테인드글라스를 통해 천상의 빛을 구현하려 했다.

그러나 르네상스 이후, 예술의 중심은 신에서 인간과 현실 세계로 옮겨간다. 회화의 주제는 자연, 역사, 일상, 인간의 감정 등 현실의 세계로 확장되며, 원근법이 도입되어 대상이 사실적으로 묘사된다. 레오나르도 다빈치, 미켈란젤로, 라파엘로와 같은 르네상스의 거장들은 신 대신 인간을 그림으로써 불후의 명작을 남겼다. 이후 예술은 개인의 내면, 감정, 무의식, 사회의식까지 표현하는 영역으로 발전하며 철학, 과학, 정치 등과 깊이 있는 상호작용을 하게 된다. 이는 곧 현대 예술의 흐름을 형성하는 기반이 된다.

사회와 교육 분야에서도 중요한 변화가 뒤따랐다. 기존의 교육이 신앙심과 복종심을 시험하는 것에 머물렀다면, 르네상스 이후의 교육은 이성적 사고와 도덕성 함양, 즉 책임 있는 시민의 육성에 방점이 찍히게 된다. 이는 단순한 지식 교육을 넘어 자기 판단력과 공공 의식을 기르는 방향으로 나아가며, 이후 민주주의로의 이행에 결정적인 토양이 된다.

프랑스의 정치 철학자 조제프 드 메스트르는 "모든 국민은 그 수준에 맞는 정부를 가진다"고 말했다. 이는 국민의 시민 의식이 성숙할수록 정치 체제도 함께 발전한다는 명언으로 남아 있다. 투표를 통해 정부를 선택하는 민주 사회에서, 정부의 수준은 곧 시민 의식의 수준을 반영한다. 적극적인 의사 표현과 행동은 민주 사회 구성원으로서의 의무이자 권리인 것이다.

무엇보다 르네상스가 위대했던 점은 절대적인 믿음을 버렸다는 것이다. '신'은 모든 것이었다. 모든 물음에 대한 답이었으며, 존재의 이유였다. 그 믿음이 단기간 지속된 믿음도 아니었다. 10,000년이 넘는 시간 동안 인간의 의식을 지배했던 신이었다. 그런 신을 버린다는 것은 무엇보다 힘들고 두려웠던 일이었다. 하지만 인간은 그 순간을 뛰어넘어 새로운 세상을 보았다. 신이 있던 자리를 자신의 이성으로 대체했다. 그리고 앞으로 나아 갔다. 모든 것의 근원을 버리고 새로운 세계로 나아간 인간의 용기야말로 르네상스의 진정한 정신이다.

르네상스의 인간 중심 사고는 세계에 대한 인식을 변화시켰다. 사람들은 더 이상 세계를 운명의 공간으로 수동적으로 받아들이지 않았다. 세계는 호기심과 탐험의 대상, 나아가 변화시킬 수 있는 대상으로 인식되기 시작한 것이다. 이슬람 세계를 통해 유입된 프톨레마이오스의 『지리학』과 지도 제작 기술, 나침반·시계·육분의의 발전은 원양 항해의 실현 가능성을 높였다. 르네상스의 과학적 방법론은 이 같은 기술적 진보를 뒷받침하며, 유럽인들은 원양으로 나아가는 진취적 항해에 나선다. 이로써 지리적 발견Age of Discovery 시대가 본격적으로 열린다.

1492년 콜럼버스는 아메리카 대륙에 도달하고, 1498년 바스코 다 가마는 인도 항로를 개척한다. 1519년부터 1522년까지 마젤란은 인류 최초의 세계 일주를 완수한다. 이 '신대륙'의 발견은 단순한 영토의 확장 이상이었다. 하지만 지리적 발견은 제국주의 등장과 식민지 건설이라는 어두운 그늘도 함께한다. 원양 항해가 가능하면서 지구에 대한 지리적 지식이 확대된다. 이는 유럽 세계에서 가장 비싼 물품인 후추, 정향, 육두구 같은 향신료의 수입을 더 이상 이슬람 세계를 통하지 않고 직교역하고자는 열망을 부추긴다. 유럽 국가들은 이를 통해 막대한 이익을 거두어 들이면서 동시에 생산지를 무력을 통해 강제적으로 점령한다. 동남아 지역 곳곳이 식민지화되고 이어진 무기 발달을 통해 더욱 막강해진 군사력을 바탕으로 세계 전체를 대상으로 식민지 획득 경쟁에 돌입한다. 지리적 인식의 확대는 인류 문명의 관점을 근본적으로 바꾸었고, 세계가 경제 · 군사 · 문화적으로 연결되며 식민주의와 제국주의의 시대로 이어지게 된다.

르네상스를 이끈 사람들

그렇다면 르네상스를 실질적으로 이끈 사람들은 누구였을까? 크게 세 부류로 나눌 수 있다. 첫째는 후원자Patrons들이다. 메디치 가문을 비롯한 도시 국가의 지도자들과 로마 교황청은 예술과 학문에 아낌없는 후원을 했다. 그들은 도시의 위상을 높이고 자신의 권위를 과시하기 위해 성 베드로 성당, 시스티나 성당, 로마 재건 프로젝트와 같은 거대한 문화 사업을 주도했다.

둘째는 사상가와 인문학자들이다. 보카치오, 마키아벨리, 에라스무스, 베이컨과 같은 인문주의자들은 인간 정신의 가치를 재발견했다. 데카르트와 베이컨은 철학을 통해 이성과 과학의 길을 제시했으며, 보카치오는 그의 책 『데카메론Decameron』을 통해 중세의 종교 중심 세계관에서 벗어나 인간의 삶과 감정, 이성과 쾌

락을 긍정하는 새로운 사상을 전했다. 에라스무스도 『우신예찬 The Praise of Folly Moriae Encomium』에서 유럽 사회와 교회의 위선을 풍자했다. 그는 이를 통해 "진정한 어리석음은 스스로 지혜롭다 생각하는데 있다"며 관용과 이성을 강조했다. 갈릴레오 갈릴레이는 과학적 방법으로 세계를 설명하려 했고, 뒤를 이은 뉴턴은 자연 법칙을 통해 우주와 인간을 하나의 질서로 통합해냈다.

셋째는 예술가와 기술자들이다. 레오나르도 다 빈치, 미켈란젤로, 라파엘로를 비롯한 수많은 예술가들이 르네상스 정신을 실제 작품으로 구현했다. 또한 구텐베르크와 같은 장인과 기술자들은 인쇄술과 건축, 조각 등에서 르네상스 문명의 물리적 기반을 구축하는 데 핵심적인 역할을 했다. 르네상스는 단지 지적 혁신에 그친 것이 아니라, 수많은 사람들의 노동과 실천이 모여 이루어진 실천적 문명이었다.

르네상스인들의 일상적인 삶

그렇다면 르네상스 시대를 살았던 사람들의 일상 생활은 어떠했을까? 놀랍게도, 물질적 삶의 조건은 중세와 크게 다르지 않았다. 농업 기반의 경제 구조는 여전히 유지되었고, 서민들의 주식은 여전히 빵, 수프, 죽 등이었다. 산업혁명 이전의 생산 방식은 여전히 풍족하지 못했다.

그러나 정신적 삶은 완전히 달랐다. 새로운 성당에 새겨진 조각, 광장의 분수, 공공 건축물은 시민들에게 새로운 감각과 감동을 선사했다. 미켈란젤로의 조각과 라파엘로의 명작을 성당에서 감상하는 일은 예술이 귀족의 전유물이 아닌 시민의 삶으로 내려온 순간이었다. 도시에는 다양한 문화 프로젝트로 인해 노동자와 장인에 대한 수요가 증가하며, 삶의 안정성도 어느 정도 보장되었다. 인쇄술로 인해 책값은 중산층도 살 수 있을 만큼 큰 폭으로 떨어졌다. 인쇄술 발명 이전 필사본 한 권의 책값이 50~100골드 플로린장인의 1년 연봉 수준이었던 책값은 90%까지 하락했다. 이후 책값은 더욱 낮아져 1520~1600년 사이에는 소형 책값이 1~2플로린까지 내려가 르네상스, 계몽주의, 과학혁명의 기반을 강화하는 역할을 한다. 시민들은 토론하고 배울 수 있는 기회를 가졌고, 호기심과 탐구의 즐거움이 일상이 되었다.

르네상스 시대의 사람들은 경제적으로는 여전히 궁핍했을지 모르지만, 정신적으로는 새로운 세계를 살아갔다. 인간 스스로에 대한 자긍심과 자신감은 이후에도 인류 문명의 귀중한 자산으로 남게 된다.

르네상스는 인간이 새로운 세계를 건설한 원천이었다. 사고의 전환은 곧 인간의 행동 변화로 이어졌고, 탐구 정신과 자연에 대한 새로운 이해, 지리적으로 확장된 세계 인식이 결합되면서 인류 역사에서 두 번째 거대한 생산 양식의 변화가 시작된다.

괴베클리 테페 이후의 농경의 출현은 첫 번째 혁명이었다. 수렵·채집에서 농경으로의 전환은 안정적인 식량 생산을 가능케 했고, 이는 인구 증가와 더불어 복잡한 사회 조직과 국가의 탄생으로 이어졌다. 그러나 농경은 여전히 자연에 의존한 생산 체계로, 가축과 인력을 기반으로 하는 제한된 생산성을 가졌다. 이러한 한계를 뛰어넘는 완전히 새로운 생산 체계, 즉 기계와 동력에 기반한 산업 문명은 서쪽, 멀리 떨어진 영국에서 시작된다.

동양의 '온고지신'과 서양의 '르네상스' 비교

흔히 동양의 '온고지신'과 서양의 '르네상스'는 비슷한 사상으로 비교되곤 한다. 과거를 통해 새로운 것을 얻고자 한다는 점에서는 유사하다. 하지만 그 지향점과 실천 방식에서는 중요한 차이가 있다. '온고지신溫故而知新'은 공자가 『논어』에서 말한 바와 같이, "옛것을 익히고 새로운 것을 알면 스승이 될 수 있다可以為師矣"는 뜻이다. 이는 기존 전통과 유교적 질서를 재해석하여 깨달음을 얻고, 이를 바탕으로 도덕적 삶을 실천하라는 의미다. 즉, 개인 수양과 사회 안정, 도덕적 질서의 유지를 중시하는 접근이다.

반면, 서양의 르네상스는 과거의 고전 문명을 단순히 계승하는 데 그치지 않는다. 고대를 비판적으로 해석하고, 이를 바탕으로 새로운 세계 질서를 창조하는 데 방점이 찍혀 있다. 다시 말해, 르네상스는 고대의 빛으로 중세의 어둠을 비추고, 그 위에 새로운 문명을 구축하려는 역동적 사상 운동이었다. 따라서 온고지신이 도덕적 자기완성과 조화로운 질서 유지에 초점을 맞췄다면, 르네상스는 비판적 성찰과 창조적 재구성을 통해 새로운 인간 중심 세계를 건설하려는 실천적 혁명이었다.

르네상스가 AI 시대에 주는 교훈과 한계

르네상스가 우리에게 남긴 메시지는 분명하다. 첫째, 지식은 개방되고 공유될 때 비로소 혁신이 가능하다. 르네상스는 단순히 과거를 복원한 시대가 아니었다. 고대 그리스와 로마의 지식을 발굴하고, 번역하며, 재해석함으로써 지식의 장벽을 무너뜨렸다. 성직자와 왕실의 전유물이던 사유와 정보는 상인과 학자, 시민의 손에까지 전달되었고, 인쇄술은 이 흐름을 가속했다. AI 시대의 교훈도 같다. 데이터와 알고리즘, 연구 성과는 폐쇄적으로 보관하는 것이 아니라 가능한 한 개방하고 공유해야 한다. 지식이 자유롭게 흐를수록 변화의 속도는 빨라진다.

둘째, 새로운 패러다임은 융합에서 태어난다. 르네상스의 거장들은 한 분야에 머물지 않았다. 레오나르도 다빈치는 예술과 과학을 넘나들었고, 갈릴레오는 철학과 물리학을 결합했다. AI 시대 역시 인문학, 예술, 사회과학, 공학이 서로 만나고 겹칠 때 전혀 새로운 산업과 사회 구조가 탄생할 수 있다.

셋째, 기술은 인간 중심의 가치와 결합해야 한다. 르네상스가 단순한 기술 발전의 시대가 아니라 사상 혁명의 시기로 불리는 이유는 모든 변화가 "인간이란 무엇인가"라는 질문에서 출발했기 때문이다. AI도 인간을 대체하는 도구가 아니라, 인간의 창의성과 삶의 질을 높이는 도구여야 한다. 기술이 인간성을 해친다면 그것은 르네상스가 아니라 반反 르네상스일 것이다.

그러나 이 교훈의 뿌리는 어디서 비롯되었는가? 그것은 르네상스의 경험 그 자체에서 찾을 수 있다. 르네상스는 문자 그대로 '다시 태어남'이었다. 중세의 신 중심 세계에서 벗어나, 인간은 스스로를 세계의 중심으로 재발견했다. 피렌체의 화가들은 인간의 몸을 사실적으로 묘사하며, 신과 자연을 동시에 담아냈다. 레오나르도 다빈치와 미켈란젤로의 예술, 갈릴레이의 과학, 마키아벨리의 정치사상은 모두 인간 정신의 무궁한 가능성을 열어젖혔다. 이것은 단순한 예술의 혁명이 아니라, 인간이 자기 삶을 주체적으로 개척할 수 있다는 선언이었다.

하지만 이 빛나는 부활에도 어두운 그늘은 드리워져 있었다. 찬란한 자유는 소수의 것이었고, 도시의 뒷면에는 가난과 배제가 도사리고 있었다. 여성과 평민은 여전히 공적 삶에서 배제되었으며, 종교 갈등은 전 유럽을 전쟁과 학살로 몰아넣었다. 찬란한 성당의 돔과 장대한 프레스코화는 인간 정신의 해방을 노래했지만, 동시에 권력의 과시물이기도 했다. 지식은 확장되었지만, 새로운 식민 확장과 착취의 논리를 정당화하는 도구가 되기도 했다. 인간 중심의 부활은, 결국 일부 인간의 부활에 그쳤다.

오늘 우리는 르네상스를 두 가지로 기억해야 한다. 그것은 인류에게 인간의 가능성을 보여준 위대한 전환점이자, 동시에 배제와 억압을 품은 불완전한 부활이었다. AI 시대의 르네상스 또한 마찬가지다. 기술이 인간의 창의성을 해방할 수 있지만, 그 혜택이 소수에게 집중된다면 또다시 '특권층의 르네상스'에 머물고 말 것이다.

따라서 교훈은 분명하다. 새로운 부활은 인간 전체의 것이어야 한다. 기술과 예술, 정치와 경제가 함께 모든 인간의 존엄을 지켜낼 때, 우리는 비로소 과거의 불완전한 부활을 넘어선, 진정한 의미의 르네상스를 맞이할 수 있을 것이다.

르네상스의 '일'에 대한 태도와 AI 시대

르네상스 시대의 사람들에게 '일'은 단순한 생계 수단이 아니었다. 그것은 자신의 기술과 재능을 드러내고, 공동체 안에서 의미를 만들어내는 행위였다. 미켈란젤로의 망치질, 다빈치의 해부, 구텐베르크의 인쇄기 돌리기는 모두 창조의 행위였다. 노동은 곧 인간을 예술가이자 과학자로 만드는 힘이었다. 장인^{Artisan}은 단순한 생산자가 아니라 창조자였다. 대성당의 석공은 자신이 다듬는 한 장의 돌이 건물 전체의 조화를 이루는 데 어떤 역할을 할지 알고 있었고, 인쇄공은 활자 하나하나에 지식의 무게를 새겼다. 예술가와 기술자는 '일'을 통해 자기 이름을 남기고, 도시와 시대의 정체성을 빚어냈다.

이러한 '일'의 철학은 두 가지 특징을 지녔다. 첫째, 기예^{技藝}와 의미의 결합이다. 르네상스 시대의 노동은 기능적 완성과 함께 심미적 · 사회적 가치를 품었다. 둘째, 자율성과 숙련의 존중이다. 장인은 자신의 작업 속도와 방식을 스스로 결정하며, 꾸준한 수련을 통해 '마이스터'로 인정받았다.

AI 시대의 우리는 이 점을 배울 필요가 있다. 기술이 노동의 많은 부분을 대신할수록, 인간이 하는 일은 더욱 '의미'와 '창의성'을 중심으로 재편되어야 한다. AI가 효율을 높이는 도구라면, 인간의 일은 공동체와 자신에게 가치를 부여하는 창조적 행위로 남아야 한다. 르네상스의 장인들이 그랬듯, 우리는 일에서 단순한 결과물이 아닌 "나의 손과 정신이 만든 것"이라는 자부심을 찾아야 한다. AI가 계산과 생산을 대신하는 시대일수록, 우리는 르네상스 장인처럼 묻고 대답해야 한다.

"이것은 나의 손과 정신이 만든 것인가?"

AI 시대에 르네상스가 남긴 세 가지 교훈과 '일'의 철학은, 인류가 앞으로 어떤 기술과 사회 구조를 선택할 것인지에 대한 나침반이 된다. 그리고 이 사유와 창조의 전통은, 로마 제국과 긴 역사를 공유한 또 다른 섬나라에서 새로운 변화를 준비하고 있었다. 바로 산업혁명의 불씨를 지핀 영국이다. 이제 르네상스의 정신이 어떻게 기계와 증기의 힘으로 이어졌는지, 산업혁명의 현장으로 향해보자.

증기와 철로가 세상의 풍경을 바꾸고,

거대한 기계가 인간의 노동을 대신하던 시대,

동아시아는 전통과 근대가 맞부딪히는 격랑의 한복판에 서 있었다.

칼과 논밭,

국화와 공장이 뒤섞인 긴장 속에서도

무너짐 속에서 새로운 질서를 일구어냈다.

동아시아는 전통과 근대가 맞부딪히는 격랑 속에서도,

새로운 길을 모색하며

세계와 어깨를 나란히 할 힘을 길러갔다.

3부

문명의 전환,
노동의 새로운 의미

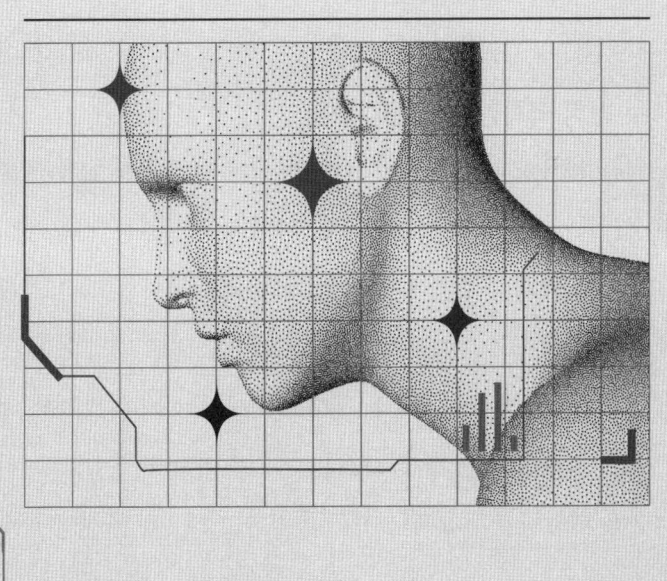

7장

산업혁명

– 영국에서 미국까지, 대서양의 파고를 넘어

기계는 인간을 해방시켰는가, 아니면 종속시켰는가?

인간 의식 구조의 변화. 부는 제로섬이 아닌 창조 가능한 가치.

검은 연기가 하늘을 덮고, 증기기관의 굉음이 도시를 깨운다. 하루 16시간의 노동, 찢어진 손, 그을린 얼굴들. 그러나 그 속에서 인류는 더 많은 것을, 더 빠르게 만들어냈다. 인간은, 무엇을 얻고 무엇을 잃었는가?

두 번의 극적인 생산방식 전환

인류 역사에서 지금까지 두 번의 결정적인 생산 활동 전환점이 있었다. 첫 번째는 수렵 · 채집에서 농경으로의 전환이었다. 괴베클리 테페의 신전과 종교 의례는, 사람들이 일정한 공간에 모여 집단적으로 살아가야 할 필요를 처음으로 제기한 증거다. 그러나 수렵 · 채집은 이동을 전제로 한 생활 방식이었기에, 정착 생활을 위해선 대안이 필요했다. 그것이 바로 농경이었다. 야생 곡물을 관찰하고 계절과 시간을 측정하는 지식의 축적은 농경의 가능성을 열었고, 인간은 처음으로 정주 생활을 시작하게 된다. 이는 신을 더욱 잘 섬기기 위한 새로운 길이기도 했다. 이후 집단 정주는 종교적 목적을 넘어서 구성원들의 다양한 욕망과 필요가 얽히면서 문명의 길로 접어든다. 정확한 인구 통계는 알 수 없지만, 기원전 9500년경 괴베클리 테페 시기 전 세계 인구는 약 400만~500만 명으로 추정된다. 약 4500년이 흐른 기원전 5000년경에는 농경의 확산으로 약 5000만 명에 도달한다. 이는 연평균 약 0.05%의 증가율이다.

두 번째 거대한 전환점은 산업혁명이다. 농경 이후에도 많은 기술적 발전이 있었지만, 기본적으로 인력과 축력에 의존하는 생산 방식은 그대로였다. 기원전 1000년 인구 1억 명이던 세계는 1760년 산업혁명 직전까지 약 7억 명으로 증가했다. 이는 약 2700년 동안 연평균 0.07%의 느린 성장률이다. 그런데 산업혁명 이후, 세상은 달라졌다. 산업혁명 당시 7억 명이던 인류는, 불과 265년 뒤인 2025년 기준 약 80억 명에 이르렀다. 연평균 0.925%라는 증가율은 괴베클리 테페에서 산업혁명까지의 연평균 증가율 0.04% 미만의 20배 이상이다. 이처럼 폭발적인 인구 증가는 단순한 숫자 변화가 아니라, 인류가 생산성의 한계를 극복했음을 뜻한다. 이는 곧 인류가 처음으로 '맬서스의 덫'에서 벗어났음을 의미한다.

산업혁명은 왜 유럽에서?

이제 중요한 질문을 던져야 한다. 왜 산업혁명은 중국이나 인도가 아닌, 유럽에서 시작되었는가? 이 질문은 단순한 과거의 회고가 아니라, 기술이 사회를 지배하는 현재와 미래를 살아가는 우리에게 깊은 통찰을 요구하는 문제다. 우리는 미래 사회의 변화, 그리고 그에 따라 바뀔 일자리와 사회 시스템을 대비해야 하며, 그러기 위해선 이 역사적 흐름을 정확히 이해해야 한다.

산업혁명은 단순한 생산성 고도화가 아니다. 그것은 르네상스 → 과학혁명 → 산업혁명으로 이어지는 인간 의식의 진화에서 나

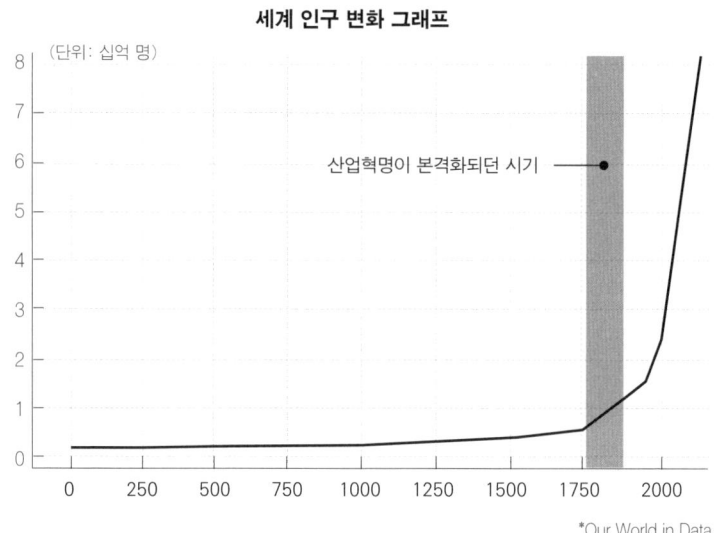

세계 인구 변화 그래프

온 결과물이다. 르네상스는 인간을 신의 예속된 존재가 아닌, 자율적이고 창조적인 존재로 인식하게 만든 첫 전환점이었다. 이어 과학혁명은 자연을 이성으로 분석할 수 있는 대상으로 전환시켰다. 이러한 인식 전환은 자유주의와 민주주의의 토양이 되었고, 그것이야말로 기술 발전과 생산성 혁신의 근본적 기반이었다. 즉, 인간의 사고 방식의 변화 없이 산업혁명은 일어날 수 없었다.

당시 세계 최대 강대국이었던 중국의 청나라와 무굴 제국이 산업화를 성공하지 못한 것은 이를 역사적으로 뒷받침한다. 18세기 산업혁명이 일어나던 시기, 중국은 강희제-옹정제-건륭제로 이어지는 '강건성세'를 누리고 있었다. 인구는 약 2억~2억 1000만 명에 달했고, 세계 GDP의 25%를 차지하는 초강대국이었다. 인도 또한 무굴 제국 하에서 인구 1억 5000만 명, 세계 GDP의 20%를 점유한 대국이었다. 두 나라를 합치면 인구와 경제력에서 전 세계의 절반 가까이를 차지했다.

그러나 두 나라는 산업혁명의 문턱에도 서지 못했다. 이는 과학·기술력의 부족 때문이 아니었다. 종이, 인쇄술, 나침반, 화약 등 이른바 세계 4대 발명품은 모두 중국에서 나왔고, 아라비아 숫자 체계는 인도의 발명이었다. 인도는 수학 강국이었고, 유럽은 그 성과를 적극적으로 받아들였다. 그럼에도 이들 문명권은 전통에 안주했고, 봉건적 질서에서 벗어나지 못했다. 황제를 중심으로 한 통치 체제는 개인의 자율성과 창의성을 억압했다. 물론 중국에도 인본주의가 있었다. 그러나 그것은 도덕적 수양과 질서 유지를 중시하는 유교적 인본주의였다. '백성이 근본이다'라는 말 역시 통치자의 자비로운 통치를 뜻할 뿐, 인간을 정치의 주체로 본 것은 아니었다. 인간은 여전히 통치의 대상이었고, 이러한 사고 구조에서는 창조적 사고와 기술적 혁신이 싹트기 어려웠다. 이 점에서 유럽의 인문주의, 자유주의, 합리주의는 근본적으로 다른 방향을 향하고 있었다. 바로 그것이 산업혁명이 유럽에서 가능했던 이유다.

왜 산업혁명은 유럽 중에서도 영국에서 시작되었는가?

산업혁명은 단순한 기술의 문제가 아니다. 단지 기술만의 문제였다면 훨씬 빠르게 다른 나라로 확산되었을 것이다. 그러나 실제로는 그렇지 않았다. 같은 유럽 국가인 벨기에는 1830년, 프랑스와 독일은 1850~1870년 무렵에서야 산업혁명이 본격화된다. 영국과는 거의 100년에 가까운 시차가 있었다. 이러한 시차는 단순히 기술 도입의 문제라기보다는, 산업혁명이 왜 영국에서 먼저 시작되었는가와 맞닿아 있는 질문이다. 사회가 준비되지 않으면 혁신은 가능하지 않으며, '따라 하기'조차 어렵다. 그렇다면 영국은 무엇이 달랐을까?

영국은 르네상스가 유럽 대륙에서 꽃피기 전부터 이미 사회적 변화의 물결이 시작된 나라였다. 1215년, 프랑스와의 전쟁에서 패배한 존John 왕은 무리한 전쟁자금을 마련하기 위해 과도한 세금을 징수했고, 이에 반발한 귀족, 성직자, 기사들은 무장 봉기를 일으켜 마그나 카르타Magna Carta를 체결하게 된다. 이 협정은 훗날 대헌장Great Charter이라 불리며, "왕도 법 위에 있지 않다", "법 없이는 자유도 없다"는 정신을 통해 영국의 입헌 군주제 발전의 기틀이 되었고, 이후 미국 독립선언, 프랑스 인권선언, 1948년 세계 인권선언에 이르기까지 큰 영향을 주었다.

1688년 명예혁명을 통해 왕보다 의회가 우위에 서게 되었고, 사유 재산 보호와 법치주의가 확립된다. 이로써 영국 사회는 정치적으로 안정된 구조 위에 개인의 권리를 보장하는 질서를 마련하게 된다. 기술 혁신을 가능하게 한 사회적 기반도 함께 정비된다. 1449년, 유리 장인 존 오브 유트햄John of Utynam에게 부여된 독점 제조권은 세계 최초의 특허 제도로 평가받는다. 이후 1624년 제정된 독점법Statute of Monopolies은 현대 특허법의 핵심 요소인 신규성, 공개성, 보호 기간의 유한성을 규정한 최초의 실질적 법률이다.

1688년 조세권이 왕에서 의회로 이양되면서, 1694년 영란은행The Bank of England이 설립된다. 영란은행은 전쟁자금 조달, 국채

관리, 통화 공급, 은행 간 결제 등 중앙은행 기능을 수행하며, 신뢰 기반의 금융 시스템을 구축한다. 지방은행과 상업은행도 함께 성장하며 공장 설립, 기계 구입, 원료 수입 등 산업 전반에 필요한 자금 조달 기능을 수행한다. 상업은행 중에는 바클레이 은행Barclays Bank과 같이 지금까지 영업을 이어오고 있는 은행들도 이때 설립된 것들이다.

1773년에는 런던 증권거래소가 설립된다. 다수의 투자자로부터 대규모 자금을 모을 수 있게 되면서, 운하 · 철도 · 광산 등 인프라 산업에 자금이 집중된다. 또한 로이즈Lloyd's of London와 같은 보험사들의 재보험사업 정비는 사업 리스크를 분산시켜 기업가 정신을 북돋아 주었다.

영국 런던 금융 중심가 전경

이와 함께 영국이 기술 분야에서 선두를 달릴 수 있었던 것은 사회적 배경과 함께 경험과 실용을 중시하는 영국인의 사고도 큰 역할을 했다. 영국에서 기술 혁신을 이끈 주요 인물들은 전통적인 학자가 아니라 대부분 현장 기술자테크니션 출신이었다. 제임스 와트증기기관, 리처드 아크라이트수력 방적기, 조지 스티븐슨증기기관차, 면직물 산업의 다양한 기계 혁신 역시 대부분 테크니션들의 손에서 나왔다. 이러한 기술자들이 이룬 실용 중심의 혁신이 바로 영국을 세계 최초의 산업혁명 국가로 만든 원동력이었다.

영국이 산업혁명에 성공할 수 있었던 또 하나의 중요한 배경은 대륙과 다른 사상과 교육 풍토였다. 프랜시스 베이컨은 과학적 방법론을 강조했고, 존 로크는 경험론을 발전시켰다. 이런 분위기 속에서 아이작 뉴턴이라는 근대 과학의 거장이 탄생했다. 로열 소사이어티Royal Society는 학자와 기술자들이 과학적 발견을 공유하는 네트워크 역할을 하였으며, 기술학교와 해군 아카데미에서는 측량, 항해, 기계 등 실용 학문을 교육했다. 이는 테크니션 계층의 탄생을 가능하게 했다. 기술이 이윤 창출과 직접 연결된 이 구조는 산업혁명 시기 다양한 분야의 기술 혁신을 촉진했다.

기계와 동력, 공장과 자본의 결합

이러한 제도적 기반 위에서, 기술자들은 기술 개발에 전념하게 된다. 최초의 산업은 면직물 산업 분야였다. 면직물은 당시 세계에서 가장 큰 교역 품목이었으며, 특히 인도는 고품질 면직물 생산지로 유럽 귀족들의 수요를 독점하다시피 했다. 누구나 필요로 하는 보편적 소비재인 면직물 산업은 시장성과 부가가치 면에서 매력적인 분야였고, 기술자들은 여기에 매달렸다.

'플라잉 셔틀Flying Shuttle, 면직물 직조 기계', '스피닝 제니Spinning Jenny, 다축방적기', '아크라이트의 수력 방적기' 등 혁신적 기계들이 개발되면서 공장제 생산이 가능해졌고, 이어 증기기관의 도입으로 면직물 산업은 세계 시장을 제패하게 된다. 이는 곧 영국을 '세계의 공장'으로 만든 출발점이 되었다. 이 과정에서 분업, 시간 통제, 기계 중심의 생산 방식이 고착화되어 현대적 생산 시스템의 기틀이 완성되었다.

최초의 인위적 에너지는 증기기관을 통해 이루어졌다. 제임스 와트의 증기기관 발명은 공장, 광산, 철도 등 산업 전반에 응용된다. 인류는 처음으로 에너지를 인위적으로 생산·제어할 수 있는 기술을 손에 넣었다. 산업혁명 이전, 한 사람이 직접 통제 가능한 에너지는 2마력馬力, hp 정도에 불과했다. 이는 말 두 마리를 다루는 수준이었다.

하지만 증기기관은 기계 한 대당 100마력, 공장 전체로 보면 500마력까지 통제 가능해졌다. 한 사람이 수십~수백 명의 몫을 감당할 수 있게 된 것이다. 여기서 시작된 인간의 에너지 통제 능력은 이후 비약적인 발전을 이룬다. 현대에는 이보다 훨씬 더 거대한 에너지를 개인이 일상적으로 활용한다. 매일 사용하는 승용차 마력은 보통 100마력 정도이며, 고속철은 2만 마력, 항공기는 10만 마력의 힘을 발휘한다. AI 시스템은 수십만, 수백만 명의 노동력을 대체할 수 있으며, 이는 인간이 없어도 설계된 대로 작동한다. 이는 마치 수백만 명의 힘을 자신의 목적에 맞게 사용하는 것과 같은 효과를 낸다.

기계와 공장의 필수 요소인 철강은 코크스 용법과 고강도 연철 생산의 발전으로 대규모 제철이 가능해졌다. 철강 산업은 단순한 재료 산업이 아니라, 기술력, 군사력, 경제력을 반영하는 국가 경쟁력의 핵심 지표였다. 철강 생산 능력은 산업을 뛰어넘어 강대국의 상징이기도 하다. 영국은 산업혁명 초기에 세계 최대 철강 생산국이었으며, 이후 미국, 일본, 소련, 오늘날의 중국 등으로 철강 강국의 지위는 이동했다. 한국의 포스코POSCO는 1980년대 중반 '세계 최대 단일 제철소'인 포항제철소를 운영했고, 오늘날에도 세계 6위권의 생산량과 함께 기술력 Top 3를 자랑하는 글로벌 철강 기업으로 자리잡고 있다.

증기기관과 제철업의 발전은 운송 수단의 혁명을 이끌었다. 산업 초기, 석탄 수요의 폭증으로 인해 광산은 점점 더 깊은 곳까지 파고들었고, 그 결과 지하수 유입 문제가 심각해졌다. 이를 해결하기 위해 처음 개발된 것이 바로 증기기관이었다. 이후 제임스 와트의 개량을 거치면서 증기기관은 다양한 산업 분야로 활용 범위를 넓혀간다.

당초 수력에 의존하던 방적기나 물레 같은 생산 도구도 증기기관을 통해 구동되었고, 맷돌, 제분소 등에서도 새로운 동력원으로 사용되었다. 그리고 마침내 이동 수단에 접목되면서 인류의 삶은 새로운 전환점을 맞이한다.

1825년, 영국의 조지 스티븐슨^{George Stephenson}은 세계 최초로

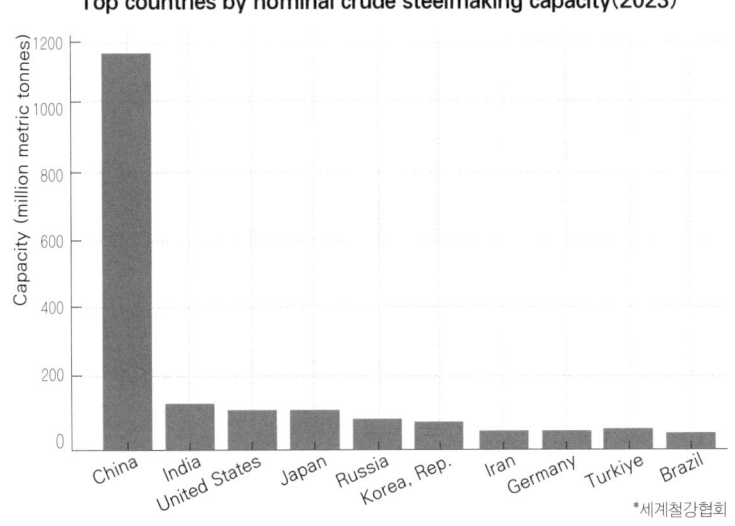

Top countries by nominal crude steelmaking capacity(2023)

*세계철강협회

실용적인 증기기관차를 개발한다. 말과 마차에 의존하던 인간의 이동 수단에 획기적인 변화가 일어난 것이다. 초기 증기기관차는 시속 24km로 오늘날 기준으로는 느리지만, 기존 마차의 평균 시속 8~12km보다 두세 배 빨랐다. 하지만 이후 기술 개량을 거듭하여 런던에서 마차로 약 4~5일 걸리던 맨체스터까지의 거리를 단 6~8시간으로 단축한다.

한편, 증기선의 상업적 성공은 이보다 이른 1807년, 미국의 로버트 풀턴Robert Fulton이 허드슨강에서 이뤄낸다. 이후 1838년, 그레이트 웨스턴호Great Western가 대서양을 전 구간 증기력으로 횡단하는 데 성공하면서, 해양 운송에서도 대전환이 이루어진다. 증기선은 단순한 운송 수단을 넘어 세계 시장의 통합을 가속화시키고, 해군력 강화를 통해 제국주의 팽창의 기반이 되었다. 1853년 일본을 강제 개항시킨 미국의 페리 제독의 흑선 함대도 모두 증기선이었다.

증기기관차의 하얀 수증기 기둥은 마치 서유기의 손오공이 타는 '근두운'처럼 인간에게 '구름을 타듯' 빠른 이동의 꿈을 실현시켜 주었다. 이는 단순한 속도의 문제가 아니었다. 인간의 공간 인식과 시간 개념, 이동 가능성에 대한 사고방식 전체를 바꾸는 일대 사건이었다. 이후 인류는 증기기관을 기점으로, 속도의 변증법을 타고 우주를 향해 나아가게 된다.

산업혁명, 단순한 생산성을 넘어 사회 변혁으로

산업혁명은 단순한 생산성 향상의 문제가 아니었다. 그리고 어느 국가에서든 자연스럽게 일어날 수 있는 사건도 아니었다. 법치주의, 기술자 중심의 실용 교육, 특허 제도, 금융 시스템, 운송 혁신이라는 요소들이 유기적으로 맞물리며 비로소 혁명이 가능했다. 역사적 배경, 사회 시스템, 우연, 그리고 인간의 선택과 노력이 어우러진 결과였다.

산업혁명은 단순한 기술 혁신이 아닌 '사회 시스템 → 생산혁명 → 인간 의식 변화 → 사회 구조 재편'으로 이어지는 순환 구조를 가진 사회 변혁이었다. 그것은 인간의 노동 구조, 사회 질서, 시간 개념, 기술과 인간의 관계를 완전히 재편한 사건이었다. 탄소 에너지 기반의 공장 시스템은 대량 생산 → 잉여 생산물 → 세계 시장 확대의 고리를 형성하며 자본주의 시장 경제를 확립시켰다.

산업화에 성공한 국가는 비산업 국가를 압도하게 되었고, 강대국의 조건은 더 이상 인구나 영토의 크기가 아니라 과학기술력이 되었다. 군사력조차 과학기술에 의해 결정되며, 개인의 신체 능력보다 기술적 우위가 압도적인 전투력을 의미하게 되었다.

대서양의 파고를 넘어 미국까지

산업혁명의 불길은 곧 대서양을 건너 미국으로 이어졌다. 그러나 미국의 산업화는 단순히 영국의 모방이 아니었다. 광대한 대륙과 풍부한 자원, 그리고 새로운 사회 제도 위에서 전개된 또 다른 길이었다. 1825년 개통된 이리 운하와 1869년 대륙횡단철도는 내륙을 거대한 단일 시장으로 묶었고, 이는 산업 발전의 강력한 촉매제가 되었다.

미국의 산업화는 '아메리칸 시스템American System of Manufacturing'이라 불린 규격화·조립식 생산에서 출발했다. 부품을 표준화하여 대량 조립하는 방식은 방직공업, 총기, 재봉틀을 거쳐 자동차 산업으로 이어졌다. 20세기 초 헨리 포드의 컨베이어 시스템은 이 전통을 극대화하며 전 세계 대량생산 체제의 상징이 되었다.

자원 역시 미국 산업화의 기반이었다. 남부의 면화 플랜테이션과 노예 노동은 북부 공업과 결합해 강력한 산업 구조를 형성했고, 피츠버그의 철강, 펜실베이니아의 석유, 광활한 곡창 지대의 농업 생산력은 세계 최대 규모의 산업국가로 성장하는 원동력이 되었다. 록펠러석유, 카네기철강, 모건금융으로 대표되는 거대 자본가 집단은 주식회사와 트러스트를 통해 전 세계를 지배할 초대기업 체제를 만들었다.

또 하나 주목할 점은, 미국의 산업화가 다인종·다문화적 사회 실험과 동시에 진행되었다는 사실이다. 엘리스 아일랜드^{Ellis Island}를 통해 들어온 유럽 이민자와 태평양을 건너온 아시아 이민자, 남북전쟁 이후 시민권을 요구한 흑인 공동체, 강제 이주를 겪은 원주민 사회가 같은 시간, 같은 대륙 안에서 부딪치고 타협했다. 공장과 철도는 값싼 노동력과 새로운 기술을 필요로 했고, 이민자들은 도시와 발명의 동력이 되었다. 미국의 대량생산은 '표준화'로 다양성을 흡수한 사회공학이었다. 그러나 차별과 배제, 폭력도 끊임없이 발생했다. 결국 공립교육, 노동조합, 시민권운동 같은 제도적 장치가 마련되면서 다양성은 갈등의 원천에서 혁신의 자원으로 전환되기 시작했다.

19세기 말, 미국은 철강·석탄·석유·면직물 등 주요 산업 생산량에서 영국을 앞서며 세계 최대의 공업국으로 부상했다. 영국이 '세계의 공장'이었다면, 미국은 20세기 '세계의 패권국가'로 도약하게 되었다. 산업혁명은 이제 대서양을 넘어, 태평양 너머 일본과 아시아로 확산될 차례였다.

그러나 미국 산업화의 가장 중요한 유산 중 하나는, 바로 다양성을 관리하고 제도화하려는 실험이었다. 이는 오늘날 AI 시대에 깊은 시사점을 남긴다. 인간과 기계, 다양한 능력과 정체성이 공존해야 하는 새로운 사회에서, 다양성은 여전히 갈등의 불씨일 수 있다. 하지만 동시에, 그것은 혁신과 창조성의 원천이기도 하다. 산업혁명기의 미국이 남긴 질문은 오늘날에도 그대로 되풀이된다. 우리는 다양성을 억압할 것인가, 아니면 공존의 자원으로 만들 것인가? AI 시대의 우리는, 모델의 표준화가 인간의 다양성을 억압하지 않도록 제도와 윤리를 다시 설계해야 한다. 미국의 다인종 실험은 여전히 AI 시대의 우리가 답해야 할 물음을 비추고 있다.

포드 공장 컨베이어 벨트 조립 라인에서 일하고 있는 노동자들.

산업혁명의 짙은 명암, 인간과 노동

산업혁명 이후, 기술은 효율성 향상이라는 이름으로 인간을 압박하게 된다. 이제 효율성은 선善으로 간주되며, 기계를 다루는 기술뿐 아니라 조직과 사회의 구조 개편마저 효율 추구의 대상으로 전락한다. 여기서 인간이 개입할 여지는 점점 줄어든다. 자연에 대한 인간의 인식도 바뀐다. 이전까지 자연은 신이 창조한 세계, 인간이 순응하며 살아야 할 공간이었지만, 산업혁명 이후 인간은 자연을 정복하고 개조해야 할 대상으로 인식하게 된다. 그리고 인류는 이전에는 상상할 수 없었던 속도의 변화 속으로 뛰어들게 된다.

고대의 노동이 공동체 유지를 위한 역할 중심이었다면, 중세는 신과 질서에 복무하는 노동이었다. 산업혁명의 공장에서 노동은 시간 단위로 쪼개지고 가격표가 붙여졌다. 노동자는 더 이상 공동체의 일원이 아니라, 자본의 회전 속에 교환되는 부속품이 되었다. 이제 인간은 생산성, 성장, 효율의 가치가 지배하는 세상에서 노동하게 되었다. 부가가치 최대화는 아직까지 우리가 최고의 가치로 치는 목표이다.

새로운 지배계급, 부르조아의 탄생

산업혁명은 사회 전체를 바꾼 거대한 전환점이었고, 동시에 사람들의 삶에도 결정적인 변화를 가져왔다. 산업혁명을 대표하는 시대정신인 창의, 도전, 실용, 불굴의 의지는 테크니션들과 발명가들의 것이었다. 이들은 자신의 능력을 바탕으로 새로운 문명의 토대를 쌓았고, 신분 상승을 이룬 자수성가형 인물로 자본주의 역사 전면에 등장하게 된다.

이들이 축적한 부는 곧 사회적 지위를 의미했다. 혼맥과 명문교육 기관을 통해, 이들은 몰락해 가던 귀족과 지주 계층을 대체하게 된다. 르네상스로 촉발된 예술 후원 역시 교황과 귀족 중심에서 부르주아 계급으로 옮겨간다. 이와 함께 회화의 주제도 교회와 왕족 중심에서 개인의 삶과 일상의 가치를 비추는 방향으로 변화한다. 렘브란트를 비롯하여 모네, 르누아르, 드가와 같은 인상주의 화가들은 산업화된 도시의 부르주아 삶을 화폭에 담은 대표적인 인물들이다.

렘브란트의 〈야경〉. 자경대가 행진을 준비하는 광경을 묘사한 것으로 새롭게 부상한 부르주아 시민들이 공동체의 수호자이자 지도자로서 자신들의 위상을 과시한 것 렘브란트의 후원자는 이전과 달리 왕이나 귀족이 아닌 부르주아 시민들이었다.

초기 자본가들의 생활은 이전 왕족이나 귀족과는 달랐다. 그들은 근면했고, 성공 이후에도 끊임없이 더 큰 성공과 그 성과를 유지하기 위해 노력했다. 새로운 세계에서 기회를 잡고 성공에 이르기 위해서는 노력과 감각, 운이 필요했다. 그러나 이처럼 자수성가로 이룬 일생이 이후 무기력하고 도덕성을 잃은 일부 후손들에 의해 '부자 = 도덕적이고 유능한 사람'이라는 잘못된 이미지로 고착되기도 했다. 실제로 부를 얻는 일은 도덕이나 능력보다는 때와 운, 자본의 논리에 가까웠다. '돈을 잘 버는 사람'이 반드시 '선한 사람'은 아니라는 사실은 그 시대에도, 오늘날에도 여전히 유효하다. 아니 오히려 부자들이 도덕적이기 더 힘들다.

한편, 중산층은 자유직 종사자, 소상공인, 공장 관리자, 하급 공무원 등이 중심을 이루었다. 이들은 가족과 근면을 중시했고, 산업 사회의 도덕적 표준을 수립하며 교육과 규범 유지에 힘썼다. 이들의 안정된 태도와 윤리 의식은 사회 전체를 유지하는 기둥이 되었다.

산업혁명이 만든 또 다른 계급, 노동자와 사회적 약자

그러나 자본가 계급이 '위대한 기계의 힘'을 통해 무한한 성장과 이윤의 신세계를 경험하던 바로 그때, 또 다른 계층은 이전 봉건 시대보다 훨씬 더 열악한 현실에 내몰렸다. 가장 고통스러웠던 이들은 바로 노동자와 여성, 아동이었다. 산업혁명은 전례 없는 생산성 향상을 가져왔지만, 생산의 주체였던 노동자에게 돌아간 몫은 극히 적었다. 부가가치의 대부분은 자본가에게 귀속되었고, 도시로 이주한 농민 출신 노동자들은 자신의 노동력 외에는 생계를 이어갈 수단이 없었다.

하루 16시간 노동은 흔했고, 휴일은 일주일에 단 하루뿐이었다. 주거 환경은 비좁고 비위생적이었으며, 전염병은 일상이었다. 주식은 값싼 빵과 감자였고, 고기와 채소는 가끔에 불과했다. 교육의 기회는 없었고, 정치적 권리는 부재했으며, 빈곤은 대물림되었다. 여성과 아동도 예외는 아니었다. 하루 12시간 이상 노동에 시달렸고, 같은 일을 하면서도 남성의 절반 수준의 임금만을 받았다. 쉬지 않고 돌아가는 기계는 사람마저 하나의 부속품처럼 삼켰고, 기계가 돌아갈수록 인간은 닳아 사라져갔다.

변화하는 사회질서

산업혁명이 만들어낸 새로운 경제 질서는 노동의 의미와 윤리까지 바꾸어 놓았다. 봉건 사회에서 노동은 신분과 공동체 의무의 일부였지만, 산업 사회에서 노동은 '시간 단위로 거래되는 상품'이 되었다. 공장제 생산에서 시간 엄수, 규율 준수, 상사의 지시에 절대 복종하는 태도는 미덕이자 생존 조건이 되었다.

이 과정에서 '성실함', '근면', '효율'과 같은 가치가 노동 윤리의 중심으로 부상했다. 프로테스탄트 윤리가 자본주의 정신과 결합해, 물질적 성공이 곧 도덕적 우월성의 증거처럼 여겨졌다. 그러나 이런 윤리는 노동자의 권리와 삶의 질보다 생산성과 순응을 우선시했고, 개인의 창의성과 자율성을 억압하는 수단이 되기도 했다. 산업혁명기의 노동 윤리는 한편으로는 근대 산업 사회를 지탱한 기초였지만, 다른 한편으로는 인간을 '기계처럼 일하는 존재'로 규정하며, 인간성을 제한하는 틀로 작용했다.

이러한 현실에도 불구하고 자본가를 옹호한 학자들은 "이러한 고통은 인류 진보를 위한 불가피한 대가"라고 주장했다. 그러나 '희생은 어쩔 수 없는 진보의 과정'이라는 논리는 허상임이 드러났다. 노동자의 삶이 개선되기까지는 수많은 투쟁과 또 다른 희생이 필요했다. 진보가 필연적으로 희생을 요구하는 것이 아니라면, 애초부터 다른 방식의 진보, 비폭력적이고 인간적인 진보도 가능했을 것이다.

왜 창의적이고 역동적인 사회가 오히려 비참한 인간 환경을 만들어냈는가? 이 질문을 끝까지 따라가지 않는다면, 우리는 다시 약육강식의 야만으로 되돌아갈 수 있다. "무엇을 하느냐"보다 중요한 것은, "어떻게 하느냐"이다. 기술의 방향과 진보의 윤리를 결정하는 것은 여전히 인간이다. 산업혁명에서 얻을 수 있는 가장 중요한 교훈은, 기술 발전이 반드시 인간의 존엄과 삶의 질을 높이는 방향으로 설계되어야 한다는 점이다. 산업혁명은 기계가 인간의 육체노동을 대체하면서 노동 조건을 악화시켰고, 그 부작용을 바로잡기 위해 오랜 사회적 투쟁과 제도 개혁이 필요했다. AI 시대에도 마찬가지다. 지적·창의적 영역에서의 자동화는 새로운 부가가치를 만들 수 있지만, 그 혜택이 소수에게만 집중되면 또다시 양극화와 불평등이 심화될 것이다.

AI 기술의 발전 속도만큼이나 분배·교육·노동 구조 개편이 필수적이다. 인간이 기술의 부속품이 아니라, 기술이 인간의 가능성을 확장하는 도구로 작동하도록 만드는 것이 21세기의 핵심 과제다. 산업혁명의 역사는, 기술이 인간을 종속시킬지 해방시킬지는 사회가 어떤 선택을 하느냐에 달려 있다는 사실을 우리에게 경고한다.

세계로 번진 산업화와 그 그림자

이러한 열악한 현실은 결코 영국 내부에만 국한된 문제가 아니었다. 제국주의와 대량 생산 체제로 재편된 세계 시장 경제는 더 이상 한 국가의 일이 그 국가 안에서 끝나지 않는 시대를 열었다. 운송 수단의 발달은 이런 구조를 세계 전역으로 빠르게 확산시키는 촉매제가 되었다.

영국 면직물 산업의 발전은 인도의 전통 수공업을 붕괴시켰고, 그 결과 수많은 장인과 공동체의 생계는 무너졌다. 인도 사회 전체가 경제적 자립 기반을 잃고 식민지 경제 체제에 종속되었다. 마하트마 간디의 독립운동이 '물레 돌리기'에서 시작된 것은 단순한 상징이 아니다. 그것은 수천 년간 자급적 방식으로 이어져

온 인도 사회의 생산 체제를 되살리기 위한 저항이자, 식민지 산업 구조에 맞선 역사적 반전의 출발점이었다.

이집트 역시 예외가 아니었다. 한때 고급 린넨을 생산하던 전통적인 직물 산업국이었지만, 제국주의적 세계 질서 속에서 면화 재배를 위한 농업 식민지로 전락했다. 아프리카 대륙은 수익성 높은 노예 무역의 중심지로 전락하면서, 인류 문명사에 지워지지 않을 상처를 남겼다. 미국 남부는 면화 산업의 급성장으로 경관 자체가 완전히 바뀌게 된다. 광활한 목화 농장과 거기서 일하는 아프리카계 노예는 미국 남부의 상징이 되었고, 결국 이 경제적 기반을 둘러싼 충돌은 남북전쟁이라는 국가 내전으로 이어진다.

산업화가 촉발한 국제 질서의 재편은 새로운 세계의 이분법-제국주의 국가와 식민지라는 구조-를 낳았다. 먹느냐 먹히느냐, 착취하느냐 착취당하느냐의 시대. 산업화를 먼저 이룬 국가들은 공식적으로 타국을 지배하고 착취할 수 있다는 권리를 주장했고, 세계는 '합법적인 야만'의 시대로 접어들게 된다. 이 비극적인 질서는 결국 두 차례의 세계 대전으로 이어진다. 제1차 세계대전에서 약 1,600만 명, 제2차 세계대전에서는 약 8,500만 명이 목숨을 잃었다. 산업과 군사, 제국과 식민이라는 폭력의 고리는 1억 명 이상의 희생을 낸 후에야 겨우 멈추게 된다.

산업혁명에서 AI 시대로

산업혁명은 단순히 새로운 기계나 에너지원의 발명으로 끝나지 않았다. 인간의 노동과 시간, 더 나아가 '존재 의미' 자체를 근본적으로 바꾸는 사건이었다. 이전까지 인간의 삶은 자연과 더불어 노동의 한계 안에서 이루어졌다. 그러나 기계가 인간의 육체노동을 대신하고, 대량 생산 체제가 사회의 기본 구조가 되면서 '인간이란 무엇인가?' '우리는 무엇을 위해 일하는가?'라는 물음이 처음으로 본격적으로 제기된다.

산업혁명은 인간을 해방시켰을까? 한편으로는 맞다. 기계가 대신할 수 없는 창조적 활동이 강조되기 시작했고, 인간의 노동 시간은 점차 줄어들었다. 그러나 다른 한편으로는, 인간은 기계가 만든 시스템의 부속품으로 전락하기도 했다. 공장제 생산 체제는 개인을 분업의 톱니바퀴로 만들고, 효율과 생산성을 절대적인 가치로 올려세웠다. 그 과정에서 노동자는 더 이상 이름을 가진 개인이 아니라, 교체 가능한 부품으로 전락했다. 산업혁명의 빛나는 기계음 뒤에는, 존엄을 잃은 인간의 신음이 깔려 있다. "효율성이 곧 선善"이라는 새로운 가치 체계가 인간의 존재 이유보다 우선하는 시대가 열린 것이다.

오늘의 우리는 산업혁명에서 두 가지 교훈을 얻는다. 첫째, 기술은 인간의 노동을 대체하거나 강화할 수 있지만, 그 과정에서 인간 존엄을 훼손할 수 있다는 사실이다. 둘째, 기술의 혜택은 공정하게 분배되지 않는 한, 불평등과 갈등을 확대하는 원인이 된다는 점이다. 오늘날 AI 혁명은 산업혁명 당시의 질문을 다시 던지고 있다. "우리는 무엇을 위해 일하는가?" "기술이 인간을 대체하는 시대에 인간의 가치는 무엇으로 정의되는가?" AI는 산업혁명의 증기기관보다 훨씬 빠른 속도로 우리의 삶을 재편하고 있다. 기계가 인간의 신체 노동을 대체했던 것처럼, 이제 AI는 인간의 지적 · 창의적 노동마저 일부 대체할 수 있는 단계에 이르렀다. 알고리즘과 로봇이 인간의 노동을 대신하는 지금, 우리는 산업혁명의 그늘을 되풀이할 위험 앞에 서 있다. 데이터와 플랫폼 권력이 소수에게 집중된다면, 산업혁명의 공장이 남긴 어두운 골목은 오늘날 디지털 세계 속에 다시 등장할 것이다.

기술은 인간을 자유롭게 할 수도, 새로운 종속의 굴레를 씌울 수도 있다. 과거 산업혁명에서 주식회사와 금융 시스템이 자본을 나누는 혁신적 장치로 등장했지만, 시간이 지나며 기득권을 지키는 수단으로 변질되었던 것처럼, AI와 미래 기술도 공정하게 나누지 못한다면 소수의 권력층에 의해 독점될 것이다. 따라서 새로운 문명은 기술의 발전만큼이나 인간 존엄의 보장을 제도화해야 한다. 효율과 생산성의 성취가 아니라, 인간 전체가 존중받는 사회 구조를 세울 때, 우리는 산업혁명이 남긴 빛과 그늘을 넘어설 수 있다. 문명의 위대함은 언제나 두 얼굴을 가진다. 기술은 불멸의 탑을 세우지만, 그 밑에 깔린 인간 존엄을 외면할 때, 그 탑은 경고비로 남는다.

"기술은 스스로 목적이 되지 않는다. 인간이 그것을 어디로, 어떻게 이끌지에 따라 해방의 도구가 될 수도, 새로운 사슬이 될 수도 있다."

지정학적 확장과 일본의 개항 – 대륙 제국에서 해양 패권으로

유럽을 휩쓴 산업혁명의 불길은 대서양을 건너 미국으로 이어졌다. 1820년대, 산업화에 성공한 미국은 유럽과는 약간 다른 '내부 팽창형' 식민지 정책을 펼쳤다. 유럽이 바다 너머에 식민지를 건설했다면, 미국은 인접 지역을 자국 영토로 흡수했다. 원주민을 몰아낸 땅은 미국에 병합되었고, 멕시코와의 전쟁을 통해 텍사스 · 캘리포니아 · 뉴멕시코 지역을 영토로 편입한다.

이로써 미국은 '대륙 제국'으로 완성되었다. 영토 확장을 이룬 미국은 이후 해외로 눈을 돌린다. 점령보다는 시장 개방과 거점 확보를 중심으로 한 해양 패권 전략을 추구했다. 두 개의 대양-대서양과 태평양-을 접한 미국에게 태평양은 새로운 지정학적 도전이었다. 특히 아시아 시장, 특히 중국에 접근하기 위해서는 태평양 너머 일본의 개항이 필수적이었다.

1853년, 페리 제독이 흑선 함대를 이끌고 일본 앞바다에 나타났을 때, 일본은 충격에 휩싸인다. 세계사의 흐름에 갇혀 있던 문이 강제로 열리는 순간이었다. 일본은 그 충격을 계기로 산업화에 본격적으로 돌입하며, 비서구권 최초의 산업국가로 발돋움하게 된다. 산업혁명은 유럽에서 시작되었지만, 그 영향은 대서양을 건너 미국으로, 다시 태평양을 넘어 일본으로 이어졌다. 각 나라는 서로 다른 역사와 문화, 제도적 토대 위에서 산업화를 해석하고 수용했다. 이제 우리는 서양과는 다른 길을 걸으며, 전통과 근대를 결합한 일본의 산업화를 살펴볼 차례다. 거기에는 산업화의 또 다른 가능성과 그늘이 함께 드리워져 있다.

8장

일본
- 전통과 근대의 이중주, 칼과 국화가 남긴 질문들

동양의 전통 속에서 서양식 근대를 꽃피우다. 개인보다는 공동체, 감정보다는 역할, 자유보다는 질서.

벚꽃이 지는 들판 위로 철로가 깔린다. 메이지 유신은 칼과 국화가 뒤섞인 채로 근대를 불러들였다. 하지만 르네상스와 종교개혁을 거친 서구의 근대는, 오랜 사유의 축적 끝에 스스로 문을 연 새벽이었지만 일본의 근대는, 흑선의 포성이 몰고 온 충격 속에서 급조된다.

산업혁명의 파고, 대서양을 건너 태평양으로

1760년대 영국에서 시작된 산업혁명은 1830년 무렵부터 유럽 대륙 전역으로 번졌다. 후발주자인 프랑스와 독일은 민간 자본이 아닌 국가 주도의 방식을 택해, 선발국과의 격차를 줄이려 했다. 같은 시기, 미국도 산업혁명 물결에 올라탔다. 철도 · 기계 · 전기 · 통신 · 내연기관을 결합한 산업화를 추진하며, 대량생산을 가능케 한 표준화와 조립라인 도입으로 영국을 빠르게 추격했다.

산업화는 강대국의 조건을 바꿔놓았다. 국토나 인구보다 과학

기술력과 생산력이 핵심이 되었고, 산업화 국가들은 세계를 시장이자 자원·노동력 공급지로 인식했다. 영국을 비롯한 유럽 열강은 식민지 쟁탈전에 나섰고, 부는 유럽에 집중되었다. 아프리카는 분할 점령되고, 인도는 영국의 독점 식민지가 되었으며, 동남아시아의 인도네시아는 네덜란드의 영향권에 들어갔다. 중국 시장을 두고도 열강들의 치열한 경쟁이 벌어졌다. 산업화된 국가는 세계를 자신의 시장이자, 동시에 노동력과 자원의 공급처로 인식했고, 산업화되지 못한 국가는 그들의 결정에 따라 운명이 좌우되는 대상으로 전락했다.

미국은 인접 영토를 병합하며 '대륙 제국'을 완성하고, 유럽의 아메리카 개입을 견제하는 먼로주의를 선언했다. 그러나 고립주의적 성격을 지녔던 먼로주의는 점차 미국의 국익과 패권을 위한 공세적 팽창주의로 변모한다. 태평양을 영향권에 포함시킨 미국이 처음 마주한 아시아 국가는 일본과 필리핀이었다. 1853년 미국은 매튜 페리를 보내 일본을 개항시켰고, 1898년 미국-스페인 전쟁을 통해 필리핀을 식민지화하여 '대양 제국'으로 부상했다.

에도 시대의 평화와 외부와의 접점

18~19세기 일본은 도쿠가와 막부 아래 260여 년간의 평화를 누렸다. 오다 노부나가, 도요토미 히데요시, 도쿠가와 이에야스

는 전국시대를 종결짓고 통일의 기틀을 마련했다. 이들 셋은 "울지 않는 새를 어떻게 할 것인가"라는 일화로 상징되곤 한다.

　오다 노부나가: "울지 않으면 죽인다."

　도요토미 히데요시: "울지 않으면 울게 만든다."

　도쿠가와 이에야스: "울지 않으면 울 때까지 기다린다."

　일본인들이 가장 선호하는 도쿠가와 이에야스는 인내와 신중함을 갖춘 전략가로 평가된다. 이는 중국 현대화를 이끈 덩샤오핑의 '도광양회韜光養晦, 빛을 감추고 때를 기다린다'와도 통하는 통치 철학이다. '싸우지 않고 이기는' 전략이야말로 고대 중국 병법에서도 최상의 지혜로 여겨져 왔다. 개항 이전에도 일본은 나가사키를 통해 네덜란드와 중국과 제한적이지만 꾸준히 교역했다. 도자기, 금, 은을 수출하고, 서양 서적, 과학기기, 천문학 지식을 수입했다. 네덜란드와의 교류를 통해 유입된 서양 과학과 의학, 천문학은 '란가쿠蘭學, 네덜란드 학문'라는 이름으로 일본 내에서 독자적인 발전을 이뤘다.

　임진왜란 때 끌려온 조선 도공 이삼평은 아리타 도자기의 토대를 닦았다. 17세기, 명·청 교체기로 중국 도자기 수출이 불안정해지자 일본은 그 시기를 이용해 일본 도자기의 유럽 진출에 성공한다. 유럽은 아리타·가키에몬·나베시마 도자기에 주목한다. 일본은 도자기뿐만 아니라, 포장에 쓰인 우키요에 판화로 유럽에 깊은 인상을 새긴다. '우키요에浮世繪'는 모네, 드가, 고흐 등 후기 인상파 거장들에게 신선한 영감을 주며 '자포니즘' 열풍을 일으켰다. 호쿠사이의 《가나가와의 큰 파도》는 일본 장인정신을 상징하는 작품으로 남았다. 호쿠사이는 75세에 다음과 같은 말을 남겼다.

"70세가 되어서야 비로소 자연의 본질을 조금씩 이해하게 되었다.

80세가 되면 더 깊이 깨닫게 될 것이다.

90세가 되면 사물의 본질에 도달할 수 있을 것이다.

100세가 되면 신의 경지에 이를 것이며,

110세가 되면 나의 그림은 살아 움직일 것이다."

이 말은 일본인의 일에 대한 장인정신과 끝없는 자기 수양, 예술에 대한 자긍심과 집념을 잘 보여준다.

호쿠사이의 대표작 〈가나가와의 큰 파도〉

개항에서 유신으로

1853년, 페리 제독의 4척의 흑선黑船의 등장은 일본에 커다란 충격을 안겼다. 1854년 힘에 밀린 일본은 미국과 미·일 화친조약을 체결한다. 이에 대한 반발로 '존황양이尊皇攘夷' 운동이 일어났고, 막부는 통치권을 천황에게 반납하는 '대정봉환大政奉還'을 선언한다. 권력은 막부에서 천황으로 이동했다. 이는 일본의 중앙집권 근대 국가로 전환하는 계기가 된다. 이후 1868년 '메이지유신明治維新'이 단행되면서, 개국 15년 만에 본격적인 사회개혁과 산업혁명 추진을 위한 길에 들어서게 된다.

앙숙관계였던 조슈·사쓰마 번의 화해와 사카모토 료마의 중재는 유신 완수의 중요한 전환점이었다. 막부의 붕괴와 천황 중심 근대 국가로의 전환은 수많은 인물들의 희생 위에 이루어졌다. 최초로 미국과의 조약을 주도한 막부 수뇌 이이 나오스케井伊直弼는 1860년 암살당했고, 이후에도 사카모토 료마, 사쓰마번의 사이고 다카모리西鄉隆盛, 일본 육군 창설자인 오오무라 마스지로大村益次- 등 많은 인사들이 격동 속에 목숨을 잃었다. 이는 메이지 유신이 단순한 권력 교체가 아니라, 전통과 개혁, 국가의 미래를 둘러싼 '피의 투쟁'이었음을 보여준다.

특히 사카모토 료마의 리더십은 한 개인이 역사를 얼마나 움직일 수 있는지를 단적으로 보여준다. 시바 료타로司馬遼太郎의 『료마가 간다』는 이 인물의 삶을 생생하게 그려낸 일본의 국민 대하 소설로 유명하다. 짧은 시간 안에 일본이 근대화에 성공할 수 있었던 배경에는, 그만큼 치열하고도 깊은 열정과 희생이 있었다.

페리 제독의 1854년 일본 두 번째 방문을 그린 그림.

배움을 통한 개혁

유신 지도자들은 서구 문물을 배우는 것을 국가의 최우선 과제로 삼았다. 대표적으로, 1871년 이와쿠라 사절단이 미국과 유럽을 순방하며 국제 정세와 근대 문물에 대한 폭넓은 시야를 갖게 된다. 이후에도 일본은 유럽과 미국에 유학생을 지속적으로 파견하며 인재를 양성했고, 이들은 귀국 후 일본의 근대화 방향 설정에 결정적 역할을 하게 된다. 이들은 훗날 정부 고위 관리, 학자, 재계 지도자가 되어 일본의 산업화와 사회 구조 개혁을 주도하게 된다.

정치적으로는 중앙집권 체제를 확립하고 폐번치현廢藩置縣을 단행했으며, 메이지 헌법을 제정하고 제국의회를 설치하여 근대 정부의 틀을 마련했다. 경제적으로는 일본은행 설립, 사유재산제 확립, 철도와 통신망 건설, 산업화 기반 조성을 이뤄냈다. 사회적으로는 신분제를 폐지하고, 사무라이 계급의 특권을 철폐했다. 1872년에는 초등교육을 의무화하고 근대 학교 제도를 도입했으며, 복장·건축·식사 등 생활 방식에서도 서양 문화를 장려했다.

1873년에는 징병제를 실시하고, 영국식 해군과 독일식 육군을 모델로 한 근대 군대를 양성한다. 이렇게 정비된 일본군은 청일전쟁1894~1895년, 러일전쟁1904~1905년을 통해 극동 지역에서 가장 강력한 군사력으로 성장하게 되며, 이는 이후 일본이 제국주의로 나아가는 토대가 된다. 국제법과 국내 법제를 정비함으로써, 1894년 이후 점진적으로 서양과의 불평등 조약 개정에도 성공하게 된다.

메이지 유신과 르네상스의 공통점과 차이

19세기 일본의 메이지 유신은 15세기 서구의 르네상스와 비견될 만하다. 시기와 지역은 다르지만, 두 사건 모두 사회 전체의 구조를 근본적으로 전환시켰다는 점에서 유사하다. 기존 질서의 해체, 과학기술 기반의 사회로의 이행, 근대 국가로의 도약이라는 점에서 깊은 공통점을 공유한다.

그러나 본질적으로 중요한 차이도 존재한다. 르네상스의 피렌체에서 조각가는 인간을 대리석 속에서 꺼내며 천천히 시간을 쌓았다. 메이지 일본의 개혁가는 불과 15년 만에 농민을 병사로, 사무라이를 관료로 바꾸어야 했다. 서구는 인간을 중심에 놓았지만, 일본은 국가를 중심에 놓았다. 그 차이가 이후의 길을 갈랐다. 메이지 유신은 민주주의 요소를 일부 도입했지만, 서구의 산업혁명이 시민 스스로 권리를 요구하며 삶을 바꾸어나간 것과는 달랐다. 몇몇 지도자의 결정으로 이루어진 사회 체제 개편은 근본적으로 의회가 실질적 권한을 행사하는 데는 한계가 있었다. 일본의 산업혁명은 국가가 국민의 삶을 재편하며 '신민'을 만들었다. 똑같이 방직공장이 세워지고 증기기관이 도입되었지만, 거기서 태어난 주체는 달랐다. 서구에서는 '노동자 시민'이, 일본에서는 '국가의 병사'가 길러졌다. 국가 우선주의 아래에서 개인의 자유는 언제든지 제한될 수 있었다. 이는 교육에서도 복종과 헌신을 강조하는 방향으로 나타났고, 비판적 사고보다는 충성심과 집단주의가 중시되었다.

이러한 분위기 속에서 '언터처블'한 권위는 전체주의적 통제의 토대가 되었고, 충성과 애국심은 언제든 개인을 억압하는 도구로 전락할 수 있었다. 대런 애쓰모글루가 그의 책 『좁은 회랑』에서 한 말처럼, 통제받지 않는 '리바이어던'은 언제든 괴물이 될 수 있다.

'서양을 따라가던 나라'였던 일본은 결국 서양 제국주의의 반열에 올라, 청일전쟁과 러일전쟁의 승리를 바탕으로 대만 식민지화, 1905년 을사 늑약을 거쳐 1910년 조선 병합하고, 만주 침략, 동남아시아 침공, 나아가 태평양 전쟁까지 이르게 된다. 메이지 유신의 성공은 일본을 강국으로 만들었지만, 동시에 제국주의의 길을 열었다.

메이지 유신 이후 산업화 – 빛과 그림자

메이지 유신을 통해 근대 국가의 틀을 갖춘 일본은 본격적으로 산업화의 길을 걷기 시작했다. 일본은 서구 이외의 국가들 가운데 산업화에 가장 체계적으로 접근한 사례로 평가된다. 메이지 유신은 단순히 서양 기술을 수입한 것이 아니라, 서구의 근대적 가치 체계를 일본식으로 해석하고 이식한 역사적 전환이었다.

일본은 단기간에 서구를 따라잡는 데 성공했지만, 그만큼 깊고 어두운 그림자도 드리워졌다. 급속한 산업화와 자본주의의 도입은 농민의 몰락과 노동 착취를 불러왔다. 세금 제도가 현물에서 현금으로 전환되면서, 현금이 부족했던 소작농은 땅을 지주에게 빼앗기고 예속되거나 도시로 내몰려 노동자로 전락했다. 이들은 영국 초기 산업혁명 당시와 마찬가지로 장시간 노동과 저임금에 시달렸다. 기술은 수입되었지만, 사회 안전망과 노동권 보호 장치는 부재했다. 또한 국가가 주도했던 산업은 이후 민간으로 이양되며 정경유착의 고리가 형성되었다. 이는 미쓰비시, 미쓰이와 같은 재벌의 탄생으로 이어졌고, 국가가 중심이 되는 '국가 자본주의'라는 독특한 산업화 모델이 등장하게 했다.

일본이 모순을 감수하고 추구했던 핵심 가치는 무엇이었을까? 그것은 '효율을 최우선으로 기반으로 하는 국가를 위한 조직화된 노동'이었다. 일본 사회에서 '일한다'는 것은 단순히 생계를 유지하는 것을 넘어 국가에 봉사하고 국민으로서의 존재를 증명하는 행위로 간주되었다. 일은 삶의 일부가 아니라 곧 삶 그 자체였고, 회사는 가족을 대신하는 공동체가 되었다. 종신고용제도는 이러한 문화 속에서 형성되었으며, 직장은 개인의 정체성과 일치하는 공간으로 인식되었다.

하지만 이러한 구조는 개인에게 막대한 희생을 요구했다. 과로사와 직장 내 괴롭힘이 만연했고, 직장을 옮기는 행위는 곧 배신으로 여겨졌다. 그 결과 인간성은 희생되고, 전통과의 단절 속에서 자아를 상실하는 현상이 나타났다.

일본이 20세기 세계의 괴물 국가로 변모한 데는 이런 이유들이 점철되어 있다. 이는 일본 내부의 책임만이 아니라, 제국주의로 무장한 서양 세력과 일본 지배층의 선택이 결합된 결과였다. 이 과정에서 수많은 사람들이 희생되었고, 삶의 기반이 무너졌다. 특히 한국은 이 구조 속에서 가장 큰 고통을 겪은 희생국 중 하나였다.

결국 이 문제는 단순히 '쫓는 자'만의 고민이 아니라, '앞선 자' 역시 함께 책임지고 해결책을 모색해야 할 인류 공동의 과제다.

북유럽 국가들이 선택한 길

중요한 점은 이러한 선택이 일본 지도층에 의해 자발적으로 이루어졌다는 사실이다. 후발 주자가 선발 주자를 따라잡기 위해 반드시 이 방식만을 선택해야 했는지에 대해서는 성찰이 필요하다. 2차 세계대전 후 일본은 전전과 같은 방향으로 산업 고도화를 추진하였지만 북유럽 국가들의 산업화는 일본과는 전혀 다른 궤적을 그렸다. 그들은 산업화를 추진하는 동시에 사회적 안전망을 강화했고, 개인의 삶과 권리를 국가 발전의 핵심 가치로 두었다. 세금 제도는 부유층과 기업에 더 많은 부담을 지우는 누진 구조였으며, 교육·의료·주거 등 기본 생활 영역을 국가가 책임졌다. 이를 통해 사회 전체의 생산성과 창의성이 오히려 높아졌고, 산업화의 혜택은 광범위하게 공유되었다.

이 모델은 '진보를 위해서는 반드시 희생이 필요하다'는 기존의 통념을 정면으로 부정했다. 기술 발전과 복지, 경제 성장과 분배가 상호 배타적인 것이 아니라, 오히려 선순환을 만들 수 있음을 입증한 사례였다. 이는 오늘날 AI 시대에도 여전히 유효한 교훈이다.

독일과의 비교

일본의 산업화 과정은 종종 독일과 비교된다. 실제로 두 국가는 산업화를 시작한 시점이 비슷했다. 독일 제국의 통일은 1871년, 일본의 메이지 유신은 1868년으로 시기상 큰 차이가 없다. 두 나라 모두 후발 국가로서 국가 주도의 산업화를 추진했고, 군사력 강화를 중심 과제로 삼았다는 점에서 닮았다.

그러나 두 국가의 사회적 기반은 크게 달랐다. 독일은 르네상스 이후 유럽의 사상과 철학, 정치 제도를 공유하며 점진적으로 변화해 온 반면, 일본은 유교적 질서에 기반한 전통 사회였다. 독일은 유럽 내부 경쟁과 식민지 확보를 주된 목표로 삼았지만, 일본은 아시아 유일의 산업화 국가로서 아시아 중심의 제국주의 체제 구축을 꿈꾸었다.

표면적으로는 차이를 보였지만, 궁극적으로 두 국가는 모두 기존 세계 질서에 도전해야 하는 입장이었다. 당시 세계 질서는 선진국들이 자신들의 이익만을 고려해 만든 구조였다. 그리고 이러한 불균형한 구조는 결국 인류 최대의 비극인 세계대전으로 이어졌다. 이 모든 역사에서 우리가 얻어야 할 교훈은 명확하다. 국제질서가 특정 국가들만의 이익을 중심으로 형성될 때, 필연적으로 충돌이 발생하며 그 결과는 상상을 초월하는 비극으로 귀결된다는 것이다.

왜 일본은 성공하고 조선과 중국은 실패했는가?

19세기 말, 일본이 산업화에 성공하며 열강의 대열에 합류하는 동안, 조선과 청나라는 새로운 세계 질서에 적응하지 못하고 쇠퇴의 길을 걸었다. 그 원인은 무엇일까? 자원 측면에서는 중국이 더 유리했고, 중앙집권 체제 면에서는 조선이 메이지 유신 이전의 일본보다 더 안정적이었다. 1750년경 세계 GDP 점유율에서 청나라는 32%를 차지하며 세계에서 가장 경제력이 강한 국가였다.[2] 같은 시기 무굴 인도가 24%, 서유럽 전체가 23%, 일본은 4%, 오스만 제국은 3% 수준이었다. 이러한 자료는 사회 변혁의 결정 요인이 단순한 자원이나 기술 수준이 아니라는 사실을 보여준다.

2. 앵거스 매디슨, 『The World Economy: A Millennial Perspective』, OECD, 2001)

그렇다면 진정한 차이를 만든 요소는 무엇이었을까? 그 답은 '가치 체계의 변화'에 있다. 르네상스가 없었다면 서양의 산업혁명은 불가능했을 것이다. 절대적 권위에 대한 부정, 인간 자신에 대한 성찰 없이는 기술 혁신도, 사회 전환도 이루어질 수 없다. 이 원칙은 후발 국가에도 예외 없이 적용된다.

중국의 '중체서용中體西用'이나 조선의 '동도서기東道西器'처럼, 외형만 수용하고 내면은 그대로 유지하려는 방식은 실패로 귀결되었다. 이는 서양의 방식을 무비판적으로 수용하라는 의미가 아니다. 다만, 서양의 르네상스가 새로운 시대를 연 것처럼, 동양이 근대화에 성공하기 위해서는 과거에 대한 성찰과 함께 세상을 바라보는 인식의 틀을 근본적으로 바꿔야 했다. 온고지신은 존중받을 가치이지만, 그것만으로는 변화를 이끌어내기엔 역부족이었다.

메이지 유신 시기, 일본인의 일상은 어땠을까?

메이지 유신기 일본의 일상은 영국 산업혁명 초기와 유사한 양상을 보였다. 기존의 지배 계층이었던 사무라이들은 몰락의 길을 걷는다. 그들의 특권과 녹봉은 폐지되었고, 다수는 실업자로 전락한다. 일부 무장을 유지한 사무라이들은 봉기를 일으키기도 했지만, 결국 저항은 실패했고 사무라이 계층은 서서히 일반 서

민층으로 흡수되었다.

농민층 역시 큰 변화에 직면한다. 세금 납부 방식이 현물에서 현금으로 전환되자, 현금이 없던 많은 농민은 지주의 땅을 경작하는 소작농으로 전락하거나 도시로 이주해 노동자가 되었다. 일부는 대지주로 성장했지만, 대다수는 사회 변화의 희생양이 되었다. 도시로 떠난 농민 출신 이주자들은 이후 일본 산업의 노동 기반을 형성하게 된다.

도시 빈민층, 여성과 아동 노동은 특히 열악한 환경에 처해 있었고, 점차 사회 문제로 인식되기 시작한다. 반면 교육 면에서는, 1872년 초등교육이 의무화되면서 국민들은 '근대 국가의 구성원'으로서의 자각을 갖게 된다.

일반 국민들이 산업화의 직접적인 혜택을 체감하기 시작한 것은 청일전쟁 이후였다. 1895년 청일전쟁에서의 승리로 일본은 은 2억 냥이라는 막대한 배상금을 받았고, 이를 기반으로 산업이 확대되면서 안정적인 일자리가 생겨났다. 은 2억 냥은 현재 가치로 약 56억 2,500만 달러이지만, 당시 일본 GDP^{1895년 추정 약 12억 달} ^{러 기준}의 약 469%에 해당하는 돈이다. 당시 일본이 1년간 생산한 모든 재화·서비스의 거의 5배에 달하는 어마어마한 금액인 셈이다. 비누, 성냥, 설탕, 우유, 시계 등 생활용품의 보급도 본격화된다. '국가가 먼저 부유해졌고, 국민들의 삶도 조금씩 나아갈 희망이 생긴 것'이다.

1910년 이후에는 제1차 세계대전 특수로 인해 도쿄, 오사카 등 대도시가 급격히 성장하고, 중산층 소비 문화가 자리잡는다. 도시에는 전차와 전화가 보급되고, 대중신문과 대중문학이 유행했다. 노동운동, 사회운동, 여성운동 등도 활발해지면서 시민의 권리의식 역시 높아졌다. 이 시기, 교육받고 일하며 사회에 진출하는 도시 여성인 '모던 걸モダンガール, modan gaaru'도 등장하게 된다. 한국인이 영화나 드라마에서 자주 접하는 '근대 일본인'의 모습이 형성된 것도 이 시기이다. 하지만 이러한 번영은 1923년 관동 대지진, 1929년 세계 대공황을 거치며 짧게 끝났고, 군국주의가 점차 사회 전반을 지배하게 된다. 이후 1931년 만주사변, 1937년 중일전쟁, 그리고 태평양전쟁으로 이어지며 일본은 패망에 이른다.

군국주의 아래 일반 일본인의 삶은 피폐하고 비참했다. 개인의 일상은 사회의 지향점과 분리될 수 없다. '행복한 삶'은 '건강한 사회'에서만 가능하다는 사실을 우리는 기억해야 한다.

패전과 재기 - 폐허에서 고도성장으로

1945년 패전 직후 일본은 연합군미군 중심 점령 아래 비군사화 · 민주화 개혁을 맞았다. 재벌 해체, 농지개혁, 노동조합 허용, 교육

개편, 그리고 1947년 새 헌법은 국가의 뼈대를 바꾸었다. 그러나 초인플레이션과 물자 부족은 일상을 짓눌렀다. 1949년 '닷지 라인'긴축 재정·통화 안정·단일 환율 1달러=360엔은 혹독했지만, 무너진 가격 체계와 금융 질서를 다시 세우는 기초 공사였다. 곧이어 1950~53년 한국전쟁 특수特需가 공장 가동률을 끌어올리며 꺼져가던 엔진에 불을 붙였다. 1950년대 중반 이후 일본은 정책·금융·현장이 맞물린 독특한 성장 메커니즘을 구축한다. 통산성MITI의 산업정책과 외환·관세 관리, 은행이 기업을 장기적으로 뒷받침하는 메인 뱅크-기업집단 케이레츠계열 系列 체제, 그리고 기업 내부의 숙련과 학습이 서로를 끌어올렸다. 이 틀은 보호 속 수출 경쟁력을 키우는 방향으로 설계되었다.

성장의 진정한 동력은 현장 혁신이었다. 현장 핵신의 핵심은 '데이터에 근거한 표준과 개선'-감이 아니라 수치로 공정을 통제하는 태도였다. 데밍W. Edwards Deming·주란Joseph M. Juran이 전파한 통계적 품질관리SQC와 TQC, QC 서클이 뿌리내렸고, 품질 경영의 상징인 데밍상이 탄생했다. TPS 즉 도요타 생산방식은 저스트인 타임JIT, 자동화自化, Jidoka를 두 축으로 하고 간반을 도구로 하여, 무다浪費 제거를 지향점으로 했다. 표준화·공정개선·현장자율이 결합된 이 시스템은 적게 들여 더 잘 만드는 일본 제조업의 체질이 되었다.

국가적 캠페인도 뒤따랐다. 1960년 이케다 하야토의 '소득배증계획'은 중산층의 꿈을 구체적 목표로 제시했고, 1964년 도쿄 올림픽과 도카이도 신칸센 개통은 전후 재건의 완성을 상징적으로 보여주었다. 그리고 철강·조선·석유화학 등 중화학 공업화를 밑천으로, 가전·정밀기계·자동차로 이어지는 수출 주도 고도성장이 시작된다.1955~1973년 실질성장률 연평균 약 10%

1964년 개통된 도카이도 신칸센 0계 타입, 전후 일본 경제 부흥의 상징이 되었다.

두 차례 오일쇼크는 치명적 위기였지만, 일본은 '작고 가볍고 정밀한 것'을 더 잘 만드는 방향으로 체질을 바꿨다. 경량·저전력·고정밀의 제품 철학은 워크맨, VHS·반도체·정밀부품 제품군과 연비·내구성에서 앞선 자동차로 구현되었다. 공장 안에서는 자동화·산업용 로봇이 확산되며 다품종 소량생산의 유연성을 높였다. 1980년대, 세계는 '메이드 인 재팬'을 품질과 내구성의 대명사로 받아들였고, 일본은 자동차·전자·공작기계·로봇에서 사실상의 글로벌 표준을 세웠다.

플라자 합의[1985년] 이후 과도한 엔고와 자산 거품은 1990년대 '잃어버린 시간' 30년을 불러왔지만 그럼에도 전후 일본이 남긴 유산은 분명하다. 통화·재정 안정 → 산업정책과 금융의 정렬 → 현장 품질혁신 → 수출 경쟁력으로 이어지는 운영 철학과 기술 축적, 그리고 끊임없는 개선改善, 카이젠의 문화다. 이 축적은 오늘날에도 배터리·정밀부품·소재·특수기계 같은 '보이지 않는 강함'으로 남아 있다.

일본 정신의 두 기둥 '와和'와 '야마토大和'

바다를 사이에 두고 마주한 일본은, 한국과 가장 가깝지만 때로는 가장 멀게 느껴지는 나라다. 그 거리감의 뿌리에는 '와和'와 '야마토大和'라는 두 기둥이 있다. '와'는 개인보다 집단, 자아보다 전체를 우선하는 질서의식이다. '야마토'는 고대 일본 국가의 이름이자 왕권과 민족 정체성을 상징한다. 이 두 단어는 일본인의 정신적 DNA에 새겨진 핵심 코드다. 그 뿌리를 거슬러 올라가면, 고대 개혁자 쇼토쿠 태자가 선 곳에 닿는다. 『일본서기』에 기록된 17개조 헌법의 첫머리는 이렇게 시작한다.

"화를 귀하게 여긴다和を以て貴しと?す."

그 한 문장은 이후 일본인의 가치관을 관통하는 문장으로 자리 잡았다. 충성, 인내, 자기희생, 집단에 대한 헌신. 심지어 태평양 전쟁의 자살 특공대가 '야마토 정신'을 외치며 떠난 것도 이 가치관의 절대적 표현이었다.

혼네와 다테마에 – 두 얼굴의 일상

'와'와 '야마토'는 일본인의 일상에서 '혼네本音'와 '다테마에建前'라는 형태로 숨 쉰다. 혼네는 속마음, 다테마에는 사회적 조화를 위한 겉모습이다. 미국 인류학자 루스 베네딕트는 이를 『국화와 칼』에서 "공식적으로 공존하는 이중 인격"이라 불렀다. 일본인은 업무 중에는 친절과 배려를 잃지 않지만, 퇴근 후엔 표정에서 모든 힘을 뺀다. 지하철 안, 수백 명의 무표정한 얼굴이 한 방향을 향한 채 묵묵히 이동한다. 주목을 끌지 않는 것이 최고의 예의이기 때문이다. 그 모습 속에서, 사회를 위해 개인을 조율하는 일본의 집단주의가 가장 극명하게 드러난다.

그러나 이런 자기 절제는 양날의 검이다. 질서를 지탱하는 힘이 되지만, 지나치면 개인의 자유와 사회의 활력을 갉아먹는다. 20년째 '3만 달러 소득 박스'에 갇힌 일본의 현실은, 기술이 아니라 인식이 국가의 미래를 가른다는 사실을 말해준다.

그리고 장인정신 – 한 점의 완성을 위하여

이 집단주의와 절제 위에 일본을 대표하는 또 하나의 축이 있다. 바로 '장인정신'이다. 일본인은 어떤 일이든 최고라는 하나의 봉우리를 향해 나아가며, 그 길을 '도道'라 부른다. 다도, 서도, 검도, 유도… 단순한 행위조차 수련의 장으로 바꾸는 이 '도'의 세계에서는, 기술 이전에 마음을 다스리는 것이 먼저다.

스시 장인의 길은 설거지에서 시작된다. 밥 짓기 10년, 계란말이 수련 수년, 그리고 마침내 생선을 올리는 날이 온다. 단 한 점의 초밥을 위해 쏟아붓는 세월과 정성, 그리고 손님과의 단 한 번의 만남에 모든 것을 바치는 '이치고이치에一期一會'. 이러한 정신은 식탁에서 끝나지 않는다. 일본 제조업의 무결점 추구와 '카이젠改善' 문화는 바로 이 몰입에서 태어났다. 한때 세계를 휩쓴 '메이드 인 재팬'의 저력은 공장에서나 부엌에서나 똑같이 흐르는 이 장인정신에서 비롯되었다.

일본은 강점이 많은 나라다. 그러나 그 빛 뒤에는 그림자도 길게 드리운다. 가장 가까운 이웃이자 때로는 가장 먼 나라. 나는 그들이 우리의 좋은 친구이자 동반자가 되기를 바란다. 하지만 그 길은 저절로 열리지 않는다. 두 나라가 함께 변화를 선택하고, 새로운 인식을 공유할 때만 가능하다.

안중근 의사와 후쿠자와 유키치

역사에 '만약'은 없다고 하지만, 나는 가끔 그런 상상을 한다. 만약 일본이 지리적으로 가까운 중국과 조선을 정복의 대상이 아니라, 미래를 함께 설계할 '동반자'로 보았다면 어땠을까? 메이지 유신 이후 일본이 택한 길은 '탈아입구脫亞入歐'였다.

"아시아와 함께 망할 수 없다. 유럽의 문명국과 더불어 나아가야 한다."

1885년 『시사신보』에 실린 익명의 논설에서 비롯된 이 문장은, 필자가 근대 일본의 사상가이자 교육자 후쿠자와 유키치福澤諭吉로 추정된다. 그는 일본 근대화의 사상적 토대를 세운 인물이었다. 2024년까지 일본 지폐 1만 엔권의 주인공이기도 했다. 그러나, 만약 그가 '탈아입구' 대신 한국과 중국을 경쟁자이면서도 동반자로 인식했다면, 오늘날 동아시아는 전혀 다른 지도를 그리고 있을지 모른다.

한·일 양국의 역사는 2천 년을 훌쩍 넘어 이어져 왔다. 인접한 별개의 국가가 각자의 정체성을 유지한 채 이렇게 오래 함께한 경우는 세계사에서 드물다. 게다가 한·중·일 3국처럼 복잡하게 얽힌 구조는 어디서도 찾아보기 힘들다. 유럽에서 비교할 만한 것은 영국-프랑스-독일 정도지만, 역사적 맥락은 다르다. 우리가 유럽에서 배워야 할 것은 단지 물질문명이 아니다. 끊임없는 경쟁 속에서도 협력을 병행하는 '동반자 의식'이다. 유럽은 아시아보다 훨씬 잦은 전쟁과 피의 역사를 겪었지만, 결국 EU를 결성해 공동 번영을 추구하고 있다.

후쿠자와 유키치의 탈아입구론 그 후 25년 뒤, 하얼빈의 한 역에서 안중근은 다른 미래를 꿈꾸며 방아쇠를 당겼다. 그는 차가운 감옥 벽 아래서 『동양평화론』을 써 내려갔다. 그는 일본·중국·조선이 침략과 착취 대신 군사·경제·문화의 공동 협력을 통해 서구 열강에 맞서야 한다고 주장했다. 주권 존중, 철도·통화·교육의 공동 운영 ─ 이것이 그의 구상이었다. 만약 일본이 정복 대신 동반자를 택했다면? 만약 동아시아가 19세기 말부터 협력의 길을 걸었다면? 2025년, 한·중·일 3국대만 포함의 GDP는 28.4조 달러 ─ EU보다 크고, 미국과 맞먹는다. 그러나 이 힘은 하나로 모이지 못한 채 흩어져 있다. AI·기후위기·경제 블록화의 시대, 과거의 '동양평화'는 더 이상 이상이 아니라 생존 전략이다.

메이지 유신이 남긴 질문

이 시점에서 우리는 메이지 유신이 남긴 질문 앞에 서게 된다. 19세기 일본은 '살아남기 위해' 전통과 질서를 무너뜨리고, 새로운 가치관을 주입하며, 국가 주도의 산업화를 폭발적인 속도로 추진했다. 서구 근대는 천천히, 그러나 개인의 존엄을 중심에 놓고 길을 닦았다. 어느 쪽이 옳았는가가 따지자는 것이 아니다. 어떤 가치 위에 근대를 세웠는가가 결국 역사의 무늬를 갈랐다. AI 시대의 한국과 세계도 마찬가지다. 우리는 전례 없는 기술 변화 앞에서 '속도'와 '효율'을 최우선으로 할 것인지, 아니면 '인간성'과 '사회적 안전망'을 함께 지켜갈 것인지를 선택해야 한다.

메이지 유신은 여전히 일본 사회의 근간을 이루는 사상이다. 그와 함께 메이지 유신이 주는 교훈은 명확하다. 기술의 도입 그 자체보다 중요한 것은 그것을 어떤 가치관 위에 얹느냐다. 인공지능이 산업혁명만큼이나 사회 구조를 뒤흔들 시대에, 속도를 위해 인간성을 희생한다면 또 다른 '빛과 그림자'를 반복하게 될 것이다.

역사는 반복되지 않는다. 그러나 패턴은 반복된다. 19세기 일본이 산업혁명의 파도를 어떻게 타고, 어떤 대가를 치렀는지를 안다면, 21세기 한국은 AI 혁명의 파도를 타면서도 더 넓고 더 평등한 미래를 설계할 수 있다.

엇갈린 선택 – 제조업의 일본, IT의 미국

일본은 전통과 근대를 결합시켜 새로운 모델을 만들었다. 산업혁명의 파고를 받아들이며 철도와 기계, 중화학공업을 키웠지만,

그 힘은 곧 군국주의와 제국주의로 향했다. 아시아를 불태운 전쟁의 끝은 제2차 세계대전 패전이라는 파국이었다.

그러나 폐허 위에서 일본은 다시 일어섰다. 미국의 점령과 개혁 속에서 근대의 틀을 새로 조율했고, 전통에 뿌리내린 근면과 집단주의는 산업사회의 동력이 되었다. 일본은 강철과 자동차의 왕국이 되었다. 표준과 개선, 정밀과 내구가 그들의 언어였다. 1960~80년대 일본은 세계 2위의 경제대국으로 부상했다. 하지만 정점은 오래 지속되지 못했다. 자산 거품이 꺼지고 성장의 속도가 둔화되자, 세계의 무대는 조용히 자리를 옮겼다.

미국은 공장에서 칩으로, 조립에서 코드로, 제품에서 플랫폼으로 이동했다. 산업화의 다음 막, 디지털과 정보의 시대가 열린 것이다. 미국이 새로운 사업으로 대전환을 시작한 시기 동아시아의 또 다른 국가 중국은 국가 개조를 본격적으로 추진한다. 산업 혁명 이후 오랜 시간 동안 잠들어 있던 용이 승천을 준비하면서 냉전 이후 세계는 새로운 국제 질서를 세운다. 그리고 그 결과는 단순한 양강 구도의 질서를 뛰어넘어 인류가 아직 경험하지 못한 전인미답의 새로운 세계를 향해서 나아가게 된다.

실리콘 칩 위에서 산업사회의 마지막 불꽃이 타올랐다.

그 불꽃은 전기의 빛을 이어받아 회로 위에서 춤추었고,

데이터와 네트워크가 얽히며 알고리즘이 태어났다.

AI의 새벽은 인간에게 속삭인다.

이제 다시 문명을 설계하라,

과거의 도구가 아닌 미래의 상상으로 세계를 지어 올리라.

이제 불꽃은 한국에서,

그리고 세계의 미래 속에서 이어진다.

4부

AI 시대,
다시 노동을 묻다

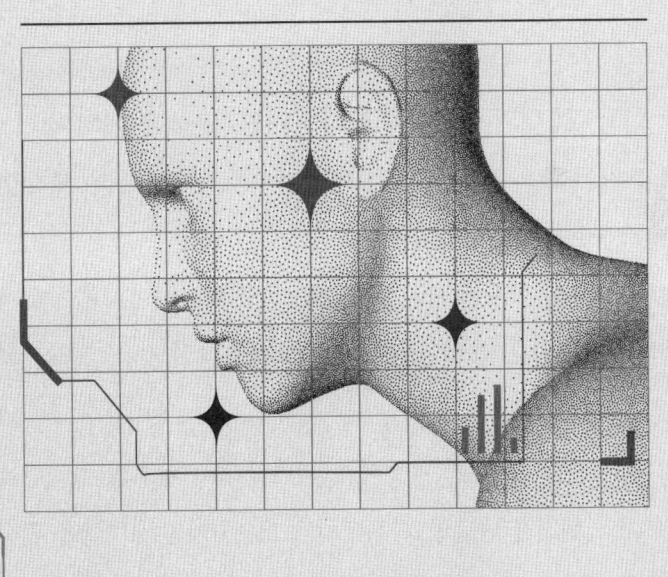

9장

산업사회의 종언, AI 제국의 서막
- 실리콘밸리에서 베이징까지

빛의 속도 그리고 하나로 연결된 세상

스탠퍼드 언덕을 스치는 태평양의 바람은 작은 차고의 불빛을 별처럼 빛나게 했다. 그 빛은 실리콘 칩 위에 새로운 문명의 언어를 새기며 세계를 설계하기 시작했다. 그러나 바다 건너 대륙에서도 또 다른 불빛이 타올랐다. '세계의 공장'에서 출발한 중국은 데이터와 국가 권력을 무기로 삼아 또 하나의 길을 열었고, AI는 두 개의 별 사이에서 인류의 운명을 시험대에 올려놓았다.

미국, 20세기 산업을 이끌다 - 내연기관과 전기의 세기

19세기 후반에서 20세기 초는 내연기관과 전기의 세기였다. 영국에서 시작된 산업혁명을 이어받은 미국은 두 가지 중요한 전환을 이루어낸다. 첫째는 증기기관의 풍경을 내연기관으로 바꾸어 놓은 것이고, 둘째는 전기를 산업화하여 도시와 공장을 재편한 것이다.

내연기관의 원형은 유럽에서 태어났다. 프랑스의 르누아르가 첫 가스 엔진을 만들었고, 독일의 오토는 4행정 사이클을 완성했다. 다임러와 벤츠가 이를 자동차에 얹으며, 19세기 말 독일의 거리는 세계 최초의 자동차가 달리는 무대가 되었다.

그러나 내연기관을 20세기의 심장으로 만든 곳은 미국이었다. 헨리 포드의 T형 자동차는 대량생산 체제를 통해 자동차를 부유층의 장난감에서 대중의 일상 수단으로 바꾸어 놓았다. 록펠러의 석유 제국은 값싼 연료를 공급했고, 넓은 대륙을 가로지르는 도로망은 이동의 자유를 보장했다. 여기에 라이트 형제의 비행기는 내연기관을 하늘로 띄우며, 인간의 이동성을 육지와 바다, 그리고 하늘까지 확장시켰다.

발명은 유럽의 몫이었지만, 그것을 산업의 심장으로 키워 세계 질서의 중심에 놓은 것은 미국이었다. 내연기관은 단순한 기계가 아니라, 20세기 산업사회의 심장 박동이자, 세계를 움직이는 새로운 리듬이 된 것이다. 내연기관이 이동의 혁명을 열었다면, 전기는 인간 생활의 감각 자체를 바꾸어 놓았다. 에디슨의 전구와 발전소는 밤을 낮으로 확장했고, 테슬라의 교류 전력 시스템은 도시와 공장을 하나의 거대한 전류망 속에 묶어 세상을 다시 설계했다. 전화는 공간을 단숨에 잇는 새로운 감각을 열었고, 전신과 교류망은 전 세계를 초연결 사회로 이끌었다.

석유와 철강, 전기와 통신은 새로운 제국의 토대가 되었고, 그 위에서 대기업과 독점자본이 부상했다. 록펠러의 석유, 카네기의 철강, AT&T의 전화망은 세계를 하나로 묶는 근대의 인프라가 되었으며, 노동은 이 거대한 기업 체제 속에 편입되었다. 노동자는 임금의 굴레 속에 예속되었지만, 동시에 전기·통신·운송 산업의 확산은 이전에 없던 직종과 전문 영역을 만들어냈다.

내연기관과 전기는 단순한 기술 혁신이 아니라, 인간의 삶의 범위와 노동, 사회의 조직 원리를 송두리째 바꿔놓았다. 산업사회의 언어는 더욱 거대해졌고, 국가와 자본은 노동을 조직하는 방식을 새롭게 만들며 근대 세계를 이끌어 갔다.

산업사회의 심장은 이제 내연기관과 전기의 박동에 맞춰 뛰었고, 그 심장 위에서 국가와 자본은 노동을 조직하고 세계 질서를 새롭게 짜 올렸다.

전후 세계산업의 재편
- 일본은 새로운 산업을 낳지 못했는가?

전후 재건에 성공한 일본은 제조업에서 미국을 맹렬한 기세로 따라잡는다. 마침내 1980년대에 공장 제조업은 일본에서 최정점을 맞이했다. 도요타의 조립 라인은 효율의 교과서였고, 소니의 워크맨은 지구촌 청년들의 귀를 장악했다. 반도체, 카메라, 배터리, 정밀 기계-하드웨어의 모든 영역에서 '메이드 인 재팬'은 품질의 상징이었다. 그러나 일본은 새로운 산업을 태동시키지 못한 채 거품 경제를 겪으며 긴 침체의 늪에 빠졌다. 그 침체는 단기간에 끝나지 않고 지금까지도 일본 경제의 발목을 잡고 있다.

무엇이 문제였을까? 바로 제조업의 성공이 역설적으로 새로운 산업을 낳는 데 걸림돌이 되었다. 기존 산업의 이익과 자부심이 너무 커서, 무형의 소프트웨어와 인터넷, 플랫폼 산업에 과감히 뛰어들지 못한 것이다. 사회적 분위기 역시 창업과 혁신에 불리했다. 실수를 용납하지 않는 조직 문화, 위계와 조화를 중시하는 가치관은 모험적인 도전을 가로막았다. 미국 실리콘밸리에서는 실패가 혁신의 밑거름이 되었지만, 일본에서는 실패가 낙인으로 남았다.

국가 주도의 경제 시스템도 한계를 드러냈다. 정경 밀착 구조는 제조업 고도화에는 탁월했지만, 빠른 변화와 민간 창의를 필요로 하는 IT · 인터넷 산업에는 부적합했다. 새로운 기업이 성장하기보다는 기존 대기업을 보호하는 데 에너지가 쓰였다.

여기에 1990년대 거품경제 붕괴는 치명타가 되었다. 은행은 부실채권에 발목이 잡혀 위험자본을 공급하지 못했고, 신생 기업은 자금난 속에 사라졌다. 저출산과 고령화는 내수와 인력을 동시에 위축시켰다. 교육 제도마저 표준화된 인재 양성에 치중해 창의적 파괴자를 키워내지 못했다.

이 모든 것이 겹치며, 일본은 21세기 신산업의 문턱을 넘지 못했다. 하드웨어의 챔피언이었던 일본은 디지털과 플랫폼, AI가 주도하는 새로운 시대에 적응하지 못한 채, 장기간의 침체 속에 머물게 된 것이다. 그에 비해 미국은 기존의 제조업에서 과감하게 벗어나 새로운 영역으로 산업을 재편했다. 일본의 제조업은 세계를 움직였지만, 디지털 시대의 주도권은 미국의 IT 산업으로 넘어갔다.

실리콘밸리 신화의 시작

1990년 이후부터 미국은 IT 혁명, 인터넷, 소프트웨어·플랫폼으로 사업을 전환한다. 그 전환은 실리콘밸리에서 시작된다. 하지만 실리콘밸리가 처음부터 새로운 산업의 기지로 출발한 것은 아니다. 오히려 20세기 산업사회의 연장선 위에서 등장했다. 실리콘밸리는 처음부터 거대한 산업 도시가 아니었다. 스탠퍼드 대학 언덕과 작은 차고에서 시작된 이곳은, 냉전의 군수산업과 반도체 칩의 발명 위에 성장했다. 특히 1939년 휴렛팩커드[HP]의 '차고 신화'는 실리콘밸리 창업 문화의 상징으로 자리 잡는다. 1950~60년대에 페어차일드, 인텔 등 반도체 기업 등장하고 '실리콘' 칩이 산업의 핵심이 되면서 '실리콘밸리'라는 이름이 정착되었다.

이후 인텔의 마이크로프로세서, 애플의 개인용 컴퓨터, HP의

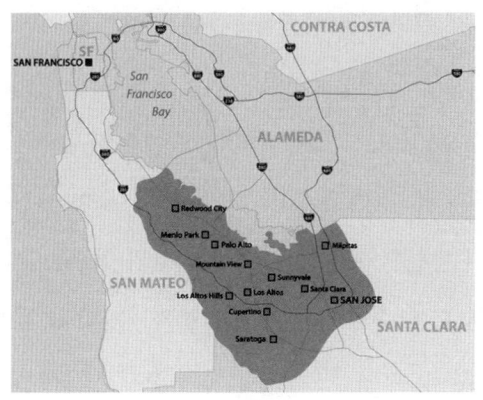

실리콘밸리 지역 지도. 오른쪽 윗부분에 샌프란시스코 도시가 보인다.

기계들은 모두 산업사회의 연장선에서 발전해 왔다. 하드웨어가 중심이던 이 시기의 실리콘밸리는 일본의 제조업과 맞물려, 철과 전자의 굉음을 공유하는 산업사회의 마지막 심장이었다. 자동차·철강처럼, 실리콘 칩도 하나의 하드웨어 산업 제품이었다. 따라서 초기 실리콘밸리는 제조업적 산업 사회의 마지막 거대한 진화라고 볼 수 있다.

IT 혁명과 닷컴 붕괴 그리고 인터넷 노동

1990년대, 인터넷이 바람처럼 불어오자 풍경은 바뀌었다. 인터넷의 부상으로 만들어진 시장에서 넷스케이프, 구글 이 웹과 검색으로 새로운 경제 생태계를 구축한다. 하지만 막연한 기대로 시작된 닷컴 회사들의 거품은 곧 위기를 맞이한다. 2000년 봄,

나스닥의 거품이 꺼지자 실리콘밸리는 한순간에 폐허가 되었다. 이름만 화려한 닷컴 기업들은 종잇장처럼 무너졌고, 차고의 신화는 허상이 되어버린 듯 보였다. 그러나 잿더미 속에서도 불씨는 살아남았다. 아마존과 구글, 그리고 몇몇 기업들은 거품이 남긴 인프라를 발판 삼아 더 단단히 성장했다. 닷컴 버블의 붕괴는 단순한 실패가 아니라, 인터넷 경제를 정화하고 진짜 혁신만을 남긴 거대한 솎아내기였다. 오히려 그 거품이 남기고 간 광섬유망과 데이터 인프라는 새로운 세기의 토대가 되었다. 실리콘밸리는 폐허에서 다시 태어났고, 인터넷은 단순한 사업의 도구가 아니라 사회의 구조를 바꾸는 기반으로 자리 잡았다.

인터넷은 단순한 통신망이 아니었다. 그것은 노동의 지형을 바꾸는 새로운 길이었다. 네트워크가 국경을 무너뜨리자, 지식 노동은 더 이상 특정한 지역이나 사무실에 묶이지 않았다. 기업은 업무를 국경 밖으로 내보냈고, 소프트웨어 개발과 고객 서비스, 연구와 설계까지 세계 곳곳으로 흩어졌다. 아웃소싱과 오프쇼어링은 다국적 기업의 일상이 되었고, 원격근무는 더 이상 예외가 아니었다. 플랫폼 노동이 태동하며, 사람들은 한 도시의 공장에 모여 일하는 대신, 전 세계의 네트워크 위에서 흩어진 채로 연결되었다. 노동은 더 이상 공간과 시간의 경계 안에 갇히지 않았고, 인터넷은 인간이 협업하는 방식을 근본적으로 다시 쓰기 시작했다. 실리콘밸리는 폐허에서 다시 태어나, 플랫폼과 AI의 시대를 향해 나아가기 시작했다.

플랫폼과 알고리즘의 시대

2000년대에 구글, 애플아이폰, 페이스북, 아마존, 마이크로소프트가 세계 질서를 재편하여 플랫폼·소프트웨어의 시대를 연다. 이제부터는 물리적 제품보다 네트워크 효과와 데이터가 핵심 자원이 되는 세상이 된 것이다. 플랫폼과 알고리즘의 시대는 단순한 기술 혁신이 아니라, 자본주의의 구조 자체를 바꾸어 놓았다. 이들이 지배하는 세계에서, 데이터는 토지와 같고, 알고리즘은 기계와 같으며, 플랫폼은 공장과 같다. 21세기 자본주의는 바로 이 플랫폼 자본주의라는 이름으로 불리게 되었다. 문제는 이 새로운 체제가 승자독식과 불평등을 더욱 심화시킨다는 것이다. 산업혁명 시대에도 노동은 혹독한 굴레 속에서 상품으로 전락했지만, 적어도 임금과 복지, 노동조합이라는 균형 장치가 형성될 수 있었다. 그러나 플랫폼 자본주의는 전통적인 고용 관계를 해체하면서, '긱 노동자'라 불리는 불안정한 개인을 남겨두었다. 플랫폼 기업은 세계를 연결했지만, 동시에 사회를 더 잘게 쪼개고, 데이터와 부를 극소수에게 집중시켰다.

대 이후, 데이터 센터와 클라우드 인프라, 머신러닝과 자율주행, 생성형 AI가 새로운 산업의 중심에 서면서, 실리콘밸리는 더 이상 '반도체 산업지대'가 아니게 되었다. 그것은 지식과 알고리즘, 그리고 플랫폼이 생산수단이 된 세계의 심장부로 변모했다. AI 시대는 전통적인 '노동-임금-소비' 구조가 붕괴되는 사회이며, 그 출발점 또한 실리콘밸리였다. 산업사회의 핵심 생산수단은 오랫동안 기계와 공장이었다. 증기기관이 노동을 대신했고, 전기가 밤을 낮으로 바꾸었으며, 대량생산은 자본과 노동을 서로 맞세우는 질서를 만들었다. 그러나 21세기에 들어 생산의 기반은 더 이상 눈에 보이는 철과 공장이 아니다. 그것은 데이터, 알고리즘, 그리고 클라우드 인프라다. 데이터는 새로운 원료가 되었고, 알고리즘은 그것을 가공하는 기계가 되었다. 클라우드는 전 세계를 하나의 거대한 공장처럼 연결하는 생산 현장이 되었다. 산업혁명 시절 석탄과 철이 제국의 흥망을 갈랐다면, 오늘날에는 데이터센터의 서버와 인공지능의 연산 능력이 국가의 힘을 가른다.

2020년대, 세계는 다시 한 번 거대한 문턱을 넘었다. 구글 딥마인드, 오픈AI, 앤트로픽, 메타, 마이크로소프트— 이 다섯 거인은 이미 플랫폼 제국의 정상 위에 새로운 왕좌를 세웠다. 챗GPT로 대표되는 생성형 AI는 단순한 도구가 아니라, 언어와 지식, 창의력 자체를 가공하는 알고리즘의 제련소가 되었다. 플랫폼이 우리의 소비와 관계를 지배하던 시대는 지나갔다. 이제 AI는 인간의 사유와 창작, 더 나아가 삶의 방식까지 재편하고 있다. 데이터는 새로운 곡식처럼 수확되고, 알고리즘은 그것을 재단하는 기계가 되었다. 클라우드 서버는 바벨탑처럼 하늘을 향해 솟아올라, 전 세계를 하나의 공장처럼 묶어낸다. 산업혁명 시대 석탄과 철이 제국의 흥망을 갈랐다면, 오늘날에는 데이터센터의 연산 능력과 AI 모델의 학습 속도가 국가의 힘을 가른다.

그러나 이 새로운 제국은 불평등과 불안을 함께 낳는다. 일에서 밀려난 대다수 사람들은 소외되고 사회적 밑바닥으로 내몰린다. 미국과 유럽 그리고 한국에 이르기까지 세계적으로 정치가 양극화되고 극단화되는 현상은 이런 변화를 반영하는 것이다. 특히 사회적 안전망이 취약한 국가일수록 그 진행 속도와 범위는 광범위해진다. 미국과 유럽을 비교해보면 확연히 알 수 있다. AI는 전통적인 고용 체계를 약화시키고, 산업 전반에 인간의 일자리를 대체하면서 민주주의를 위협하는 새로운 균열을 만들어 낸다.

거대 AI 기업은 초과이윤을 흡수하며 초국적 권력으로 변모하고, 국가의 조세 체계와 민주적 거버넌스는 이를 따라가지 못한다. 이 변화는 노동 · 산업 · 금융 · 정치 질서 전체를 뒤흔든다. 노동은 더 이상 인간의 손과 시간을 중심으로 정의되지 않는다. 반복적이고 규칙적인 일은 AI가 대신하며, 인간의 역할은 창의적 해석과 감정적 공명으로 밀려난다. 아마 이마저도 머지 않아 인간의 영역에서 벗어날 것이다.

산업 역시 공장 단위의 생산에서 벗어나, 플랫폼과 네트워크 단위로 재편된다. 금융은 물리적 자산보다 데이터와 알고리즘의 흐름을 따라 움직이고, 정치 또한 국민의 의사보다 데이터 분석과 여론 조작 기술에 좌우된다. 결국 우리는 지금 '산업사회'라는 개념 자체가 넘어가는 과정을 목도하고 있다. 기계가 인간의 노동을 대신하던 시대에서, 이제는 알고리즘이 인간의 사고와 판단을 모사하는 시대로 들어선 것이다.

이것은 단순한 산업 구조의 변화가 아니다. 인간 사회의 근본적 토대가 바뀌는 거대한 전환이다. AI가 새로운 생산수단으로 자리 잡는 순간, 사회는 더 이상 공장과 노동시간으로 설명될 수 없으며, 우리는 전혀 다른 언어로 사회를 다시 정의해야 한다. 우리는 지금, 알고리즘 사회라는 미지의 대지 위에 서 있다.

실리콘밸리가 여는 세상

실리콘밸리는 일본 제조업의 절정 시기 태동했다. 일본이 20세기 후반, 하드웨어적 완벽함과 정밀함으로 세계를 지배했을 때, 실리콘밸리는 이미 다른 길을 걷고 있었다. 도요타의 조립 라인과 소니의 전자 기기는 '손의 기술'이 낳은 산업사회의 정점이었지만, 실리콘밸리의 캠퍼스에서는 데이터와 알고리즘이 '두뇌의 언어'를 써 내려가고 있었다. 일본의 제조업은 산업의 과거를 밀도 있게 응축했지만, 실리콘밸리는 미래를 향한 통로를 열어젖혔다.

이 풍경은 유럽 르네상스를 연상시킨다. 피렌체의 공방에서 인간이 신의 피조물에서 벗어나 스스로를 재발견하던 순간처럼, 실리콘밸리에서도 인간은 질문을 바꾸었다. '기계가 인간의 손을 대신할 수 있는가'라는 산업사회의 물음은, 이제 '알고리즘이 인간의 두뇌를 대신할 수 있는가'라는 새로운 질문으로 이어졌다. 르네상스가 인간을 세계의 중심으로 세우며 근대의 문을 열었다면, 실리콘밸리는 인간의 두뇌마저 기계에 외주화하면서 포스트-근대의 문턱을 넘었다.

중국 굴기 – 제조업 패권을 장악하다

실리콘밸리의 파장은 세계 전역으로 퍼져나갔다. 그 메아리는 중국에서 가장 크게 울려 퍼졌다. 세계사의 중심에서 한때 밀려났던 제국이 다시금 거대한 파장을 일으키기 시작한 것이다.

중국은 세계사에서 전통적으로 가장 강력한 국가였다. 하지만 산업혁명의 대열에 동참하지 못하고 낙오했다. 그 결과는 참담했다. 청나라 제국까지 세계에서 가장 커다란 생산력을 보유했던 중국은 영국을 비롯한 서구 열강 그리고 종래에는 일본에까지 수모를 당해야 했다. 매디슨 프로젝트^{Maddison Project}의 장기 경제사 통계에 따르면, 1820년 중국은 세계 GDP의 32%를 차지하며 인류 역사상 가장 거대한 경제 대국이었다. 그러나 산업혁명에 뒤처지면서 불과 130년 만에 그 비중은 1950년 5% 수준으로 추락했다. 세계사의 무대에서 주역이었던 제국이 '굴욕의 세기'를 맞이한 것이다.

중국 공산당이 대륙을 장악한 이후에도 중국은 옛날의 찬란한 영화를 재현하지 못했다. 바로 이 절망의 골짜기에서 덩샤오핑의 개혁·개방이 시작되었다. 1978년 집권 이후 그는 이념보다 실용을 앞세우며 '흑묘백묘黑猫白猫'라는 현실주의적 슬로건으로 대전환을 선언했다. 농촌에서는 인민공사를 해체하고 가족 단위의 생산 책임제를 도입하여 식량 위기를 벗어났고, 도시에는 경제특구를 설치해 외자와 기술을 적극적으로 유치했다. 그 대표적인 실험장이 바로 광둥성의 작은 어촌이던 션전이었다. 1980년 특별경제구역으로 지정된 션전은 갯벌과 어망이 있던 자리에 유리와 철골의 빌딩 숲이 솟아올랐고, 션전은 한 세대 만에 세계가 주목하는 '경제 기적의 실험실'로 변했다. 세계 각국의 자본과 기술, 인력이 집결하며 션전은 '중국식 개혁·개방의 쇼윈도'이자, 오늘날 '중국의 실리콘밸리'로 불리는 혁신의 전진기지가 되었다.

1980년대 이후 중국은 '세계의 공장'으로 부상했다. 값싼 노동력과 방대한 인구를 바탕으로 의류·가전·전자제품에서 시작해 스마트폰·반도체로까지 영역을 넓혔다. 의류와 장난감에서 전자제품과 스마트폰에 이르기까지, 세계인의 일상은 '메이드 인 차이나'로 가득 채워졌다. 서구의 슈퍼마켓 진열대부터 아프리카의 재래시장까지, 중국 제품 없는 삶을 상상하기 어렵다. 1978년 세계 GDP의 2%에 불과하던 중국 경제는, 21세기 들어 15%를 돌파했고, 2024년에는 구매력 기준PPP으로 약 19.7%를 차지하며 다시 세계의 거인으로 부상했다. 유엔 산업개발기구UNIDO 통계에 따르면, 2023년 중국은 전 세계 제조업 부가가치의 약 29%를 차지했다. 미국과의 비교에서도 2010년 전후 미국을 추월한 이후 격차를 넓혀왔다. 이 수직 상승 곡선은 개혁·개방 이후 중국 경제의 구조적 전환 성공을 상징한다. 제조업의 성공은 중국을 글로벌 공급망의 심장으로 만들었고, 이 성공이야말로 20세기 말 세계 경제의 판도를 바꾼 가장 큰 사건 중 하나였다.

중국 굴기가 가지는 의미

중국 굴기의 성공은 값싼 노동력과 거대한 인구만으로 설명되지 않는다. 그 이면에는 국가의 힘, 민간의 상술, 역사적 기술 전통, 그리고 유교적 문화 기반이라는 네 축이 맞물려 있다. 첫째,

국가의 일관된 정책이다. 공산당 체제는 정치적 안정과 장기 전략을 가능케 했다. 5개년 계획 아래 항만·철도·전력망 등 인프라를 집중 구축하고, 반도체·전기차·재생에너지 등 전략 산업에 자원을 투입했다. 그 결과 세계 최장 고속철도망과 350km/h급 상업 운행, 차세대 CR450 시도 같은 '속도와 규모'의 상징을 만들어냈다. 다만 권위주의적 의사결정은 속도와 효율을 보장하지만, 잘못된 정책이 채택될 경우 견제 장치가 부족해 과잉투자·부채 누적·환경 파괴 같은 구조적 문제로 이어지기 쉽다. 실제로 지방정부 주도의 무분별한 개발, 부동산 거품, 과잉 생산 능력은 중국 경제의 불안 요소로 지적되고 있다.

중국 정부의 또 다른 선택은 '시장 접근을 대가로 한 기술 이전 요구'였다. 외국 기업은 14억 인구라는 거대한 시장을 탐내며 중국에 들어왔지만, 중국 정부의 요구에 맞추어 반드시 합작 투자 형태로 공장을 세우고 기술을 공유해야 했다. 기술 이전을 전제로 한 합작 투자 관행은 화웨이·BYD·CATL 등 토종 강자를 키우는 토대가 되었지만, 미·중 갈등의 뇌관이 되기도 했다.

둘째, 민간의 오랜 된 상술의 힘이다. 실크로드와 화교 네트워크로 축적된 상업 감각은 개혁·개방 이후 글로벌 공급망 시대에 다시 꽃폈다. 흔히 '화상華商'이라 불리는 중국 기업가들은 '싸게·빠르게·널리' 퍼뜨리는 실용적 상술과 모방-개선 전략으로 세계를 공략해 나갔다. 의류 · 가전 같은 단순 제품에서 시작해, IT · 전자 · 플랫폼 기업으로 확장한 것도 이러한 유연성과 속도의 산물이었다. 그러나 동시에 '산자이山寨' 문화라 불리는 모방 제품과 지식재산권 침해 논란은 중국 브랜드의 신뢰성을 갉아먹는 그림자가 되기도 했다.

셋째, 역사적 기술 전통이다. 종이 · 나침반 · 화약 · 인쇄술로 대표되는 발명 전통은 "기술과 제조로 세상을 바꿔본 경험"이라는 집단 기억을 형성했다. 오늘날 전기차 · 통신 · AI에 대한 공격적 투자와 자신감은 이 저력 위에 서 있다.

넷째, 유교의 전통이다. 유교는 개인보다 공동체, 자유보다 질서, 관계 속 조화를 중시한다. 이 가치관은 대규모 동원과 장기 전략의 정신적 기반이 되었다. 그리고 이 가치는 오늘의 AI 활용에도 스며 있다. 질서 · 안정을 우선하는 문화는 데이터를 사실상 공공재로 쉽게 받아들이게 만들며, 13억 인구가 생성하는 방대한 데이터는 AI 학습의 비옥한 토양이 되었다. 덕치德治 전통은 '인류 공동의 운명 공동체' 같은 집단적 비전으로 변주되고 있다. 이는 개인의 자유와 시장을 중심축으로 삼아온 서구—특히 미국—의 세계관과는 다른 길, 집단 · 질서 · 국가 기획을 앞세운 또 다른 문명 모델의 부상을 뜻한다. 그러나 이 유산은 양날의 검이다. 집단 협력과 추진력은 강점이지만, 개인의 자유 · 창의 · 비판정신을 제약해 향후 미래 사회에서 약점이 될 수 있다.

이처럼 중국 굴기는 국가 · 민간 · 역사 · 문화의 네 축이 맞물려 일궈낸 문명적 반등이다. 이 힘은 중국을 다시 세계의 중심 무대로 끌어올렸고, 그 무대는 제조업을 넘어 첨단 기술 패권의 장으로 확장되고 있다.

그러나 중국의 굴기 속에는 또 하나의 얼굴이 비친다. 그것은 바로 중국의 국가자본주의다. 방대한 인구와 자원을 단숨에 동원하는 이 거대한 엔진은 인류를 새로운 질서로 이끌 수도 있고, 과도한 통제 속에서 스스로의 무게에 짓눌려 멈춰설 수도 있다. 과연 두 문명적 길은 충돌로 귀결될 것인가, 아니면 새로운 공존 질서를 낳을 것인가-이 물음이 오늘 인류의 과제다. 이는 세계가 기독교 · 이슬람 · 동양적 유교 가치관 3자의 정립 위에서 새로운 문명 질서를 모색하는 축의 시대로 접어들었음을 알리는 신호이다. 결국 우리가 갈 길은 두 갈래다. 인류가 협력과 공존의 새로운 축을 세우며 미래로 나아갈 수도 있고, 반대로 과도한 통제와 충돌 속에서 스스로를 파괴하는 멸망의 길로 들어설 수도 있다.

세계의 공장에서 디지털 제국으로

중국은 2015년 '중국제조 2025中国制造2025'를 발표하며 제조업 대국에서 기술 강국으로의 전환을 국가 전략으로 삼았다. 이 정책은 독일의 '인더스트리 4.0'을 벤치마킹한 것으로, 반도체 · 로봇 · 항공우주 · 바이오 · 신재생에너지 등 10대 핵심 산업을 지정해 집중 육성했다. 이어 '인터넷 플러스互联网+', '디지털 굴기' 정책을 통해 인공지능, 빅데이터, 5G 인프라와 같은 차세대 기술에도 대대적인 투자를 이어갔다. 이는 값싼 노동에 의존한 단순 조립 경제를 넘어, 첨단 기술과 디지털 인프라로 중국 경제의 체질을 바꾸려는 시도였다.

션전, 베이징 중관춘, 항저우 등지는 중국의 새로운 혁신 거점으로 부상했다. 화웨이 · 텐센트 · 알리바바 · 바이두와 같은 중국의 거대 기업들은 미국의 아마존 · 메타 · 애플 · 구글과 자주 비교된다. 그러나 그 궤적과 성격은 분명히 달랐다. 애플 · 퀄컴 · 시스코가 각각 스마트폰 · 칩셋 · 네트워크 장비라는 한정된 영역에 집중했다면, 화웨이는 스마트폰-5G 통신 장비-반도체를 동시에 다루며 국가 전략산업의 상징이 되었다. 메타가 광고 수익에 의존하는 소셜 네트워크 기업이라면, 텐센트는 위챗이라는 슈퍼앱을 통해 메시지 · 금융 · 게임 · 콘텐츠를 통합하며 중국인의 생활 전부를 디지털화했다. 텐센트의 위챗페이WeChat Pay는 알리페이와 함께 중국 모바일 결제 시장의 90% 이상을 차지한다. 덕분에 중국인의 생활은 더 이상 현금에 의존하지 않게 되었고, 길거리 노점상은 물론 구걸하는 사람들조차 QR코드로 결제를 받는

'현금 없는 사회'가 일상이 되었다. 아마존이 물류와 배송 네트워크를 직접 장악한 '유통 제국'이라면, 알리바바는 수많은 판매자와 소비자를 연결하는 거대한 마켓플레이스를 세워 소비의 흐름을 지배했다. 구글이 글로벌 인터넷 생태계를 확장하며 AI 연구를 선도했다면, 바이두는 중국 내부 시장에 갇혀 있으면서도 자율주행·자연어 처리 등 국가 프로젝트와 긴밀히 결합하며 또 다른 길을 걸었다.

중국은 이제 전기차·배터리, 5G 네트워크, 태양광·풍력 등 재생에너지 산업에서 세계를 선도하고 있다. CATL은 세계 전기차 배터리 시장 점유율 1위 기업으로, 글로벌 자동차 기업들이 중국산 배터리에 의존하고 있다. 태양광 패널 생산의 80% 이상을 중국 기업이 담당하며 녹색 에너지 전환의 주도권을 쥐고 있다. DJI^{Da Jiang Innovation}는 드론 산업에서 세계 시장 점유율 70% 이상을 차지했다. 이처럼 중국의 굴기는 단순한 '세계의 공장'이 아니라, 첨단 기술 패권 경쟁의 한 축으로 확장되고 있는 것이다.

미국과 중국 AI 양강 구도의 신질서

중국은 제조업 패권을 장악한 뒤, 이제 인공지능^{AI}이라는 새로운 문명 전환의 전선에 뛰어들었다. 이 분야에서 중국과 미국은 21세기 패권을 가르는 양강 구도를 형성하고 있다. 이러한 중국의 첨단 산업 부상은 곧바로 미국과의 정면 충돌로 이어졌다. 반도체, 인공지능, 5G, 전기차 배터리와 같은 핵심 분야는 단순한 시장 경쟁을 넘어, 국가 안보와 패권을 좌우하는 전략 자산으로 간주되었다. 미국은 화웨이에 대한 제재, 반도체 장비 수출 통제, 글로벌 공급망 재편을 통해 중국의 도전을 견제했고, 중국은 '자립자강^{自立自强}'을 외치며 기술 국산화와 내수 확대 전략으로 맞섰다.

중국은 미국의 견제를 받아가면서도 '디지털 권위주의'라는 새로운 문명 모델을 실험하는 존재로 부상했다. 물론 이 길은 거대 플랫폼의 권력이 국가와 충돌하며 규제를 맞이하고, 미국과의 기술 패권 경쟁 속에서 제약을 드러내기도 했다. 그러나 그럼에도 불구하고, 중국은 AI 시대의 또 다른 축으로 확고하게 자리 잡았다.

AI 산업 미·중 비교

연구력은 미국이 질적으로 앞서 있다. 기업의 경쟁력 면에서 미국이 글로벌 플랫폼을 장악하고 있지만 중국은 바이두·알리바바·텐센트·화웨이가 LLM과 응용 AI를 추격하고 DJI·센스타임 같은 기업이 특화 분야에서 두각을 드러내고 있다. 다만 반도체 GPU와 핵심 장비에서는 서방의 견제를 받고 있다. 데이터 취

AI 산업 미·중 비교

구분	미국	중국
연구력	• 구글 딥마인드, 오픈AI, 메타, 　MS 등 세계 최고 연구진 보유 • MIT · 스탠퍼드 중심 최상위 　논문 · 모델 압도	• 논문 수 세계1위 • 베이징 · 칭화대 등 연구 • 활발하나 질적 영향력은 약세
가동 시점	• 구글 · MS · 아마존 · 메타 · 엔비디아 　등 '빅테크 5대 기업'이 글로벌 　AI 플랫폼 장악	• 바이두 · 알리바바 · 텐센트 · 화웨이 　중심 LLM 및 응용 AI 성장 • DJI · 센스타임 등 특화 응용 　분야 강세
생산 품목	• 글로벌 데이터 · 개방형 생태계 　강점규제 (GDPR, 개인정보법 등) 　강화 추세	• 14억 인구 내수를 기반으로 　초대형 데이터 축적 • 국가 통제 · 효율 우선
연간 생산능력	• 민간 주도, 정부는 안전 　가이드라인 · 칩수출 통제 중심 • DARPA · 국방 프로젝트에 막대한 　자금 투입 • 자본주의 경쟁원리 바탕으로 　**전세계 시장을 대상으로 전개**	• 2017년 '차세대 AI 발전계획' 발표, 　2030년 세계 1위목표 정부가 직접 　투자 · 지원 · 검열 결합, 　사회 통제형 AI 활용 　**국가 중심 전략적 통제방식**

득과 활용에 있어서는 중국이 강세이다. 개인정보 보호를 중시하는 서구와 달리, 중국은 효율과 사회 관리에 초점을 두어 데이터를 집단적으로 동원한다.

정책과 전략면에서 미국이 민간 중심, 중국이 국가 중심으로 여겨지지만 미국 역시 막대한 자금을 정부가 직접 투입하고 있다. 이는 오늘날 기술 경쟁이 단순한 기업 간 경쟁을 넘어, 21세기 세계 질서를 결정짓는 새로운 냉전New Cold War의 양상을 띠고 있다는 것을 보여준다. AI는 더 이상 특정 산업의 혁신이 아니라, 국가 패권과 국제 질서를 좌우하는 전략적 자산이자 새로운 문명의 열쇠가 되었다.

AI 시대 – 민주주의와 노동의 최종 시험대

미국의 자본주의에 뿌리 둔 민간 주도형 모델은 창의성과 혁신의 속도를 보장하지만, 빅테크 독점과 불평등, 민주주의 제도 자체의 약화를 동반한다. 중국의 집단·통제 모델은 국가적 동원력과 효율성을 보여주지만, 개인의 자유와 프라이버시를 희생시키며, 권위주의적 감시 체제를 기술로 정당화하는 위험을 안고 있다. 두 모델 모두 민주주의를 약화시킬 수 있는 모순을 품고 있는 것이다. 따라서 인류의 과제는 미국식 자유와 중국식 통제 중 하나를 고르는 데 있지 않다. 두 모델의 한계를 직시하면서, 기술이 인간 존엄을 지키고 공동체 협력을 촉진하는 제3의 문명적 길을 찾는 데 있다. 지금 인류는 그 어느 때보다도 깊은 성찰과 선택의 기로에 서 있다.

민주주의와 함께 AI는 노동의 최종 시험대가 되고 있다. 미국이 주도한 알고리즘과 자본, 중국이 결합한 국가 전략과 집단 동원력은 서로 다른 길을 걸으면서도, 공통적으로 인간의 노동과 삶의 의미를 흔들고 있다. 산업혁명에서 기계는 인간의 근육을 대신했고, 전기의 세기에는 노동이 거대 기업과 독점 자본에 편입되었다. 컴퓨터와 인터넷은 인간의 두뇌 일부를 기계화하며 노동의 경계를 다시 썼다. 그러나 AI는 한 걸음 더 나아가, 사고·판단·창의·감정마저 기계가 모사할 수 있는지를 시험한다.

실리콘밸리의 차고에서 켜진 작은 불빛은 산업사회의 종언을 알리는 신호였고, 중국의 데이터 제국은 새로운 권력 질서를 예고한다. 양강 구도 속에서 인류는 노동과 존재의 의미를 다시 정의해야 하는 시간을 맞고 있다. AI의 등장은 단순한 기술 혁신이 아니다. 그것은 노동의 의미 자체를 다시 묻는 거대한 질문이다. 일은 단순한 생존의 수단인가, 아니면 인간을 사회와 연결하는 존재 이유인가. 알고리즘이 생산수단이 되는 순간, '노동-임금-소비'라는 산업사회의 질서는 더 이상 절대적인 답이 될 수 없다. "우리는 무엇을 위해 일하는가? 인간의 일은 무엇을 의미하는가?" 이 물음 앞에서, 인류는 새로운 축의 시대에 들어서고 있다.

새로운 시험장 – 한국

이 거대한 질문은 결코 먼 이야기가 아니다. 그 축의 변화를 가장 압축적으로 마주한 곳이 바로 한반도다. 한국은 산업사회의 굉음을 여전히 간직한 채, 디지털과 AI의 불빛을 동시에 끌어안은 드문 공간이다. 자동차와 조선, 반도체와 스마트폰-공장의 땀과 서버의 열기가 한 땅 위에서 교차하는 실험의 무대가 되었다.

일본이 제조업의 정점에 올랐고 미국이 IT 혁명의 새벽을 열던 시기, 한국은 전쟁의 잿더미와 분단의 상흔 속에서 뒤늦게 산업화를 시작했다. 그러나 그 길은 압축적이었다. 철강과 조선, 반도체로 눈부신 성장을 이루는 동시에, 거리에서는 민주화를 향한 저항이 타올랐다. 미국이 컴퓨터와 인터넷, 실리콘 칩과 알고리즘으로 미래를 개척하던 바로 그 순간, 한국은 땀과 피, 그리고 자유의 갈망으로 또 다른 문명 실험을 하고 있었던 것이다.

한 세대가 지난 오늘날, 한국은 산업의 굉음과 디지털 코드의 불빛이 공존하는 드문 나라가 되었다. 산업과 정보, 노동과 창의가 교차하는 이 경계 위에서, 우리는 앞으로 다가올 문명이 어떤 얼굴을 띨지를 미리 엿볼 수 있다.

10장

한국
– 동방의 등불, 세계의 빛으로

압축 성장과 민주화 그리고 AI.

AI 시대의 징검다리.

AI 시대, 지금 한국 잿더미 속에서 피어난 불꽃은 단 한 세대 만에 산업화와 민주화를 이루어냈다. 공동체의 희생 위에 세워진 산업화와 민주주의, 전통과 첨단이 공존하는 실험실. 이제 질문은 하나다. "AI 시대, 우리는 어떻게 설계할 것인가?"

협력으로 시작된 한반도 문명

한반도의 역사는 유구하다. 2025년 유네스코 세계문화유산으로 등재된 울산 반구대 암각화는 지금으로부터 약 7,000년 전 제작된 것으로, 이미 그 이전부터 이 땅은 인류의 삶의 터전이었다. 울산 대곡천변 절벽에 너비 10m, 높이 4m에 달하는 바위에 새겨진 약 300여 점의 그림 속에는 해양 동물, 육상 동물, 배와 작살, 그물 등이 등장한다. 특히 고래의 비중이 압도적으로 높아, 당시 포경이 공동체의 주요 생업이었음을 보여준다.

암각화는 단순한 그림이 아니다. 동물의 생태와 사냥 방법이 묘사된 이 벽면은 거대한 학습 교재이자 풍요를 기원하는 제의의 공간으로 여겨진다. 학습과 제의의 기능이 하나로 통합된 이중적 성격은 후대의 유교 사원에서도 반복된다. 대표적으로 조선 시대의 서원은 학문의 공간이자 성현에게 제례를 올리는 곳이었다.

반구대 암각화는 인류가 배를 타고 도구를 이용해 고래를 사냥한 장면을 세계 최초로 시각화한 기록으로, '인류 최초의 해양 서사시'라 평가받는다. 이는 인류 문명이 집단 협력에서 비롯되었음을 보여주는 귀중한 증거이며, 탁월한 보편적 가치OUV, Outstanding Universal Value를 인정받아 세계문화유산으로 등재되었다. 우리가 앞서 찾았던 괴베클리 테페 역시 협력의 상징이었다. 서로 직접적인 소통이 불가능했던 시대, 지리적으로 멀리 떨어진 독립된 문명들이 모두 협력에서 출발했다는 것은 우연이라 보기 어렵다.

울산 반구대 암각화가 새겨져 있는 대곡천 절벽 국보285호이다. 그림이 약 300여 점이상 새겨져 있다.

반도가 지닌 숙명

반도는 대륙 세력에겐 바다로 가는 길목, 해양 세력에겐 대륙으로 가는 관문이다. 그 자체로 전략적 가치가 매우 크기에, 한반도는 이 경계 위에서 수없이 선택을 강요받았다. 전략적 위치는 때로는 강점이 되고 때로는 고난의 역사가 된다. 반도인에게 이상적인 상황은 스스로 강해져 중심이 되는 것이다. 고대 로마 제국이 그러한 예다. 또 다른 이상적인 선택은 스스로 강해져 균형을 유지하며 문명의 중심 역할을 하는 것이다. 그리스는 찬란한 문명을 일구었다.

한반도는 중국 중심의 동아시아 질서 속에서, 중국 대륙의 흥망에 따라 한반도의 운명도 좌우되었다. 한나라가 통일을 이루자 한사군이 설치되어 간섭을 받았고, 수·당의 통일기에는 고구려와 백제가 차례로 멸망했다. 원나라가 세계를 제패하던 시기에는 고려 왕들이 원 황제의 사위국으로 전락했고, 조선은 명 황제의 칙명을 통해서만 왕위의 정통성을 인정받았다. 청나라 전성기에는 조선 인조가 삼전도에서 삼배구고두례三拜九叩頭禮의 치욕을 겪었다.

대륙과 해양 세력의 대결이 심화되던 조선 말기, 한반도는 대륙 세력인 청과 러시아, 해양 세력인 일본과 서구 열강이 충돌하는 장이 된다. 청일전쟁, 러일전쟁을 거치며 일본은 승리하고, 미국과의 가쓰라-태프트 밀약을 통해 일본의 조선 지배와 미국의 필리핀 지배를 상호 인정받는다. 이는 조선이 1905년 을사늑약으로 외교권을 박탈당하고, 결국 1910년 8월 29일 일본에 병합되어 식민지로 전락하는 국제적 배경이 된다.

"반도는 스스로 강해지거나 그렇지 않으면 외세에 지배당하게 된다"는 역사적 교훈을 극명하게 보여주는 곳이 한반도이다.

세계 대전, 독립, 그리고 놓친 기회

태평양 전쟁이 끝났을 때 독립은 시대의 흐름이었지만, 국제 사회에 우리의 존재를 명확히 각인시키지 못했다. 연합국은 한국

▶여순감옥 전경. 안중근 의사가 마지막까지 일본의 만행에 저항하며 최후를 맞이한 곳이다.

▶안중근 의사가 여순감옥에서 쓴 〈백세청풍〉으로 '수백 세대가 지나도 그 청렴한 정신이 이어진다'라는 뜻이다. 안중근 의사의 인품과 기개를 상징적으로 나타내는 글귀이다.

을 본토화된 식민지로 인식했다. 임시정부는 연합국의 정식 파트너로 인정받지 못했고 안중근 의사의 의거를 비롯해 수많은 애국지사들의 저항은 국제법상 정당한 저항권의 실천이었지만, 이를 국제적으로 공인받지 못한다. 그 결과 끝내 전후 처리 과정에서 목소리를 내지 못했다. 한반도의 미래는 전적으로 강대국의 손에 넘어갔다. 대조적으로 1940년 설립된 프랑스 임시정부는 드골을 중심으로 연합국에 정식 파트너로 참여했다. 이 차이가 전후 처리 과정에서 극명한 결과를 낳았다. 개항기부터 해방에 이르기까지, 한국은 국제 정세에 효과적으로 대응하지 못했다. 냉혹한 국제사회는 힘이 있는 자만이 정의를 주장할 수 있는 공간이다. 선의에 기대할 수는 없다. 그렇기에 멀리 보고 넓게 아는 혜안을 지닌 지도자와, 그를 지지하는 깨어 있는 시민이야말로 새로운 시대를 여는 핵심이다.

분단과 미청산의 그림자

전후 한반도 처리 문제는 직접적인 이해 당사자인 미국과 소련이 주도했다. 특히 38선의 설정은 미국의 단독 결정이었다. 일본에 두 발의 원자폭탄을 투하한 직후, 전쟁이 곧 끝날 것으로 판단한 미국은 1945년 8월 9일, 소련이 대일전 참전을 결정하자 급히 대응에 나선다.

바로 다음 날 밤, 워싱턴 D.C. 시간으로 8월 10일과 11일 사이, 딘 러스크Dean Rusk 소령과 찰스 본스틸Charles Bonesteel 전략사무국 OSS 장교는 전쟁장관 헨리 스팀슨Henry L. Stimson의 지시에 따라 한반도의 군사 분할선을 설정한다. 이들은 한반도에 대한 사전 지식이 거의 없었으며, 단지 "서울을 미군이 점령해야 한다"는 단순한 군사적 목표에 따라 지도 위에 38선을 그었다. 단 몇 시간 만에, 3천만 한민족의 운명을 좌우할 선이 만들어진 것이다. 처음엔 군사 행정선이었지만, 곧 냉전의 최전선이자 국경선이 되었다.

유럽의 사례와 비교하면, 분단은 일본의 몫이었어야 했다. 그러나 페리 제독 이후, 미국은 아시아 전략의 핵심 거점으로 일본을 선택했다. 미국에게 일본은 분할 대상이 아니었고, 소련 역시 태평양 전쟁 말미에 참전함으로써 큰 희생 없이 한반도의 절반을 확보할 수 있었다. 양국의 전략적 이해가 절묘하게 맞아떨어지면서, 한민족은 스스로의 의지와 무관하게 분단되었다. 단일 민족 국가가 이념을 기준으로 양분된 사례는 인류사에 드물며, 이 분단은 의도치 않게 거대한 사회 실험이 되어, 이후 수많은 시사점을 던지게 된다.

한국인은 일방적인 결정의 분단을 받아들일 수 없었다. 김구 선생은 "38선을 베고 쓰러질지언정 나는 결코 이 선을 긋는 데는 절대 찬성할 수 없다"라며 분단에 결연히 반대한다. 하지만 극렬한 좌우 대립과 함께 38선은 점점 고착화되어 간다. 1948년 5월 남한만의 단독 선거가 추진되자 영구 분단을 우려한 김구 선생은 4월19일 평양을 방문한다. 하지만 끝내 합의에 실패하고 1948년 남쪽은 대한민국이, 북쪽은 조선민주주이인민공화국이 각각 수립되면서 영구 분단의 길로 들어선다. 분단은 많은 모순을 남긴다. 이승만 정권과 미군정은 자신들의 취약한 정치 기반을 강화하기 위해 친일 세력을 대거 끌어들인다. 이를 통해 해방 전 식민지 시대 모순은 해방된 국가에서 오히려 더 심화 된다. 독립운동가를 핍박하던 일제 강점기 형사들이 이번에는 반공을 빌미로 다시 독립운동가를 탄압하게 된다. 경찰 뿐만 아니라 고위관료, 군인, 경제인, 언론인 등 친일 세력 단 1명도 청산하지 못하게 된다.

민중의 열망을 안고 출발했던 반민족행위특별조사위원회^{반민특위}는 처참하게 분해되고 만다. 한번 잘못 끼워진 단추는 여전히 한국 사회 중요한 모순으로 남아 있다. 분단과 친일 세력 청산 실패는 이후 중요한 고비마다 한국 사회 주요한 갈등 요인이 된다.

친일 세력이라 해도 초법적인 폭력으로 응징하는 것은 이제 불가능하다. 그렇다고 친일 세력에 당한 수많은 사람들의 원한과 친일 행위자들의 부역을 방치해서는 안 된다. 그것은 정의롭지 못한 사회이다. 세계의 유사한 사례 그리고 인간의 기본 심성이 문제 해결의 실마리를 제공할지 모른다. 친일청산제와 같은 축제 형태로 한을 풀어내는 것도 한 방법이 될 것이다. 모두의 지혜로 극복해야 할 난제이다.

1953년 미공군이 활용한 서울 전경. 가운데가 한국은행 건물이며 오른쪽 위쪽에 서울시청과 맞은편 서울시 의회(당시는 국회의사당) 건물이 보인다.

폐허에서 시작된 한국 현대사

분단의 모순은 곧 전면전으로 치닫는다. 1950년 6월 25일, 북한은 통일을 목표로 소련의 지원 아래 남침을 감행했다. 3년간 이어진 전쟁은 남과 북 모두를 완전히 폐허로 만들었다. 1953년 7월 27일, 유엔군과 북한군·중국군 사이에 정전협정이 체결된다. 한국 정부는 이 협정에 강하게 반대했지만, 1950년 7월 14일 "대한민국 육·해·공군의 작전지휘를 유엔군 총사령관에게 위임한다"는 대통령 명령 제1호로 인해, 한국 정부의 참여없이 정전은 발효된다. 대통령 명령 제1호의 효력은 여전히 유효하다. 국군의 작전지휘권은 여전히 유엔군실질적으로는 주한 미군이 갖고 있으며, 한국은 전시작전권을 보유하지 못한 국가로 남게 된다. 일본은 패전국임에도 자위대와 정부가 작전권을 보유하고 있다. 작전지휘권이 없는 국가는 소말리아, 코소보, 그리고 한국뿐이라는 사실은 오늘날까지도 뼈아픈 문제로 남는다. 국토를 스스로 방어하지 못하는 국가를 자주국이라 할 수 있는가? 이는 단순한 이념 문제가 아니라, 국가 정체성의 핵심에 관한 질문이다.

한국전쟁의 역설과 힘없는 자의 한계

역설적이게도, 이 전쟁은 한국이 세계의 관심을 끄는 계기가 된다. 영국 작가 제임스 모리스James Morris는 "한국은 한때 세계지도 한 구석에 무심히 찍힌 얼룩 같은 존재였다. 그러나 이제는 세계의 이목이 집중되는 중심 무대가 되었다"고 평가했다. 이후 한국은 냉전의 최전선이자 '핫존Hot Zone'으로 자리잡게 된다. 윈스턴 처칠Winston Churchill 또한, 한국을 단순한 지역 분쟁이 아닌 "세계 자유의 운명이 걸린 문제"라 규정하며 그 중요성을 강조했다. 세계 이목의 집중은 한국인에게 오히려 부담이 된다. 갈수록 강대국 간 대립의 정점이 되면서, 스스로 운명을 결정할 공간은 점점 더 협소해진다.

지리적 중요성과 별개로 한국은 여전히 부정부패가 만연하고 있었다. 전쟁 초기 한국을 방문한 영국 언론인 제임스 카메론

James Cameron은 이승만 정부와 군, 사회의 부패와 비민주성을 신랄하게 비판했다. 부정선거, 언론·보도 탄압, 반공을 빌미로 한 통제, 국민방위군 사건, 군 기강 해이 등은 전시 상황에서도 만연했고, 카메론은 "한국에서 민주주의를 기대하는 것은 쓰레기 더미에서 장미가 피기를 바라는 것과 같다"는 혹평을 남겼다.

전쟁이 남긴 상흔과 한국의 출발선

전쟁은 한국 사회의 마지막 기반마저 철저히 무너뜨렸다. 사망·부상·실종자는 300만 명 이상, 수백만 명의 이산가족과 전쟁고아, 미망인, 부랑자들이 거리로 나 앉았다. 이를 수습할 행정 능력이나 재정 기반조차 전무했다. 경제 상황은 말 그대로 참담했다. 산업 시설의 80% 이상이 파괴되었고, 철도, 항만, 발전소, 공장, 창고 등 생산 인프라는 전무했다. 전체 인구의 70% 이상이 종사하던 농업 부문조차 경작지의 40%가 황폐화되어, 식량난은 일상이 되었다. 1953년 1인당 GDP는 67달러로 세계 최하위 수준이었다. 실업은 만연했고, 전쟁 중 통화남발로 인한 초인플레이션과 쌀값 폭등은 시장을 혼란에 빠뜨렸다.

정부 재정의 80%는 미국 원조에 의존했다. 당시 미국은 30억 달러현재 가치 수백억 달러 규모의 원조를 제공했으나, 그 대부분은 식량밀가루, 의약품, 건축자재, 기술 인력 파견에 집중되었다. 이로 인해 자립적 생산 기반은 형성되지 못한 채 소비 중심의 경제 구조가 자리 잡는다. 이는 일종의 '원조 경제 고착화' 현상이었다. 그 시절은 "미국 원조 없이는 생존조차 불가능했던 시기"였다. 사회는 여전히 권위주의적 통제 아래 있었고, 민생은 피폐했다. 이것이 오늘날 우리가 기억해야 할 대한민국의 출발선이다.

한국 민주주의의 시작과 산업화의 그림자

이승만 정권의 독재와 부패는 "못 살겠다 갈아보자"는 민심으로 분출되었다. 1956년 제4대 대통령 선거에서 야당인 민주당은 신익희 후보를 내세워 정권 교체를 시도한다. 장기 집권과 부정 선거, 극심한 경제난으로 민심은 극도로 악화되어 있었다. '못 살겠다 갈아보자'는 선거 구호는 대중의 공감을 얻으며 선거 판도를 유리하게 이끌어간다. 하지만 선거를 두 달 앞두고 신익희 후보가 급사하면서 판세는 급변했고, 결국 정권 교체는 실패로 돌아간다.

그러나 민심의 흐름은 멈추지 않았다. 4년 후인 1960년, 4·19 혁명으로 이승만 대통령은 권좌에서 물러난다. 이는 한국 현대사에서 국민의 손으로 대통령 하야를 이끌어낸 첫 사례였으며, 한국 민주주의 전통의 출발점이 되었다. 이 혁명은 단순한 정권 퇴진 사건이 아니었다. 그것은 "절대자, 언터처블은 없다"는 민주

사회의 기본 원리를 세운 중대한 전환점이었다. 과학이 신뢰받는 것은 '절대자'를 용인하지 않기 때문이다. 이 때문에 스스로 잘못을 수정할 수 있고 사람들의 신뢰를 얻을 수 있다. 아인슈타인을 절대적 존재로 여겼다면 현대 과학은 존재하지 못한다. 사회 구성원이 모두 평등하더라도, 단 한 사람의 예외가 존재한다면 그 사회는 한계에 부딪힌다. 그 한 사람을 위한 별도의 논리가 작동하는 순간, 모두가 동의할 수 있는 공적 질서는 흔들리게 된다. 사회적 균열은 '한 사람의 특권'에서 시작된다.

첫 번째 민주화의 한계, 그리고 영국의 예

1차 민주화는 국민의 각성으로 가능했지만, 그 결과는 오래가지 못했다. 경제적 기반이 취약한 사회는 단 한 번의 정치 혁명으로 안정적인 민주 체제를 유지하기 어렵다. 현대 민주주의를 선도하는 영국의 경우, 1215년 권리장전마그나 카르타 이후 최소한의 민주 정부가 탄생하기까지 700년이 걸렸다. 영국은 왕권 제한 이후에도 왕들이 다시 절대 권력을 복구하려는 시도를 거듭했고, 이 모든 과정을 지나서야 1884년 제3차 선거법 개정을 통해 농민과 남성에게 보통선거권을 부여했다. 진정한 의미의 보통선거 민주주의는 여성까지 포함한 1928년에야 완성되었다. 당시 영국은 산업혁명과 제국주의의 혜택으로 1인당 소득이 현재 가치로 약 1만 달러, 세계 최고 수준이었다. 민주주의는 결코 경제적 기반 없이 실현될 수 없다.

박정희 시대: 산업화와 통제, 두 얼굴의 역사

1961년 5·16 군사 쿠데타 이후, 박정희 대통령은 18년간 집권하며 국가 주도의 산업화를 본격 추진했다. 필자 또한 이 시기에 태어나 고등학교 시절까지 대통령으로 기억하며 자랐다. 당시 모든 국민은 산업화라는 하나의 목표를 향해 움직였다. 학교 이름조차 '국민학교'였고, 이는 개인보다 국가가 우선이라는 가치관을 각인시키는 상징이었다. 1979년 10월 26일 박정희 대통령의 피격 사망 소식이 전해졌을 때, 교실은 극명하게 갈라졌다. 어떤 친구는 눈물을 흘렸고, 어떤 친구는 만세를 불렀다. 그는 '공'과 '과'를 동시에 지닌 복합적인 역사적 인물이었다.

그의 집권 초기에 한국은 1인당 GDP 82달러의 최빈국이었다. 필자가 초등학교^{당시는 '국민학교'}에 다니던 시절, 매년 보릿고개는 당연한 계절적 고통이었다. 지난해 가을에 추수한 곡식이 바닥나고, 보리가 익기 전까지 식량난이 일상처럼 찾아왔다. 나무 껍질, 풀뿌리로 연명하는 이들도 있었고, 필자 역시 학교를 마치고 집에 돌아와 개떡이 소쿠리에 담긴 날은 특별한 날이었다. 보리와 밀가루로 만든 질박한 개떡은 맛보다는 생존을 위한 음식이었다.

이마저도 매일 먹을 수는 없었다. 이는 필자 개인의 이야기가 아니라 당시 대부분 한국인이 공유한 집단적 기억이었다.

그러나 불과 20년 만에 국민소득은 20배 이상으로 뛰었고, 제철 · 조선 · 중화학 공업 · 고속도로 · 수출 산업 등 국가 기간산업의 기틀이 마련되었다. 농업 중심의 경제 구조는 제조업 · 수출 중심으로 전환되었으며, 경부고속도로와 포항제철, 울산공업단지 같은 대규모 인프라가 건설되었다. 기초교육의 확충과 실업 · 기술 교육 강화는 산업화에 필요한 노동력을 대량으로 공급했고, 이는 한국이 세계시장에 진출할 수 있는 기반이 되었다. 가난과 굶주림 속에서 살아가던 한국 사회를 짧은 시간 안에 기적적으로 변화시킨 지도자라는 점에서, 그의 산업화 성취는 부정할 수 없는 역사적 사실이다. 오늘날 한국이 가장 선호하는 여행지인 동남아시아 여러 나라를 직접 가보면, 그 격차와 변화를 쉽게 체감할 수 있다.

산업화의 그림자와 사회의 균열

그러나 그 경제 기적의 이면에는 깊은 그늘이 드리워져 있었다. 박정희 대통령은 유신체제를 통해 입법 · 사법 · 행정 전권을 자신의 손에 집중시켰고, 장기집권을 제도화하며 민주주의를 크게 후퇴시켰다. 장시간 노동과 저임금 구조, 노동조합 탄압, 여성과 청년 노동자의 착취는 만연했으며, 1970년 전태일의 분신은 이 모순을 세상에 알린 상징적 사건이었다.

재벌 중심의 경제 구조는 중소기업의 성장을 억제했고, 부의 편중은 소득 격차를 더욱 확대시켰다. 수도권 중심의 개발 정책은 기형적인 부동산 시장을 만들었고, 땀 흘려 번 노동의 결실은 지주와 투기 세력에게로 이전되었다. 부동산으로 얻는 불로소득이 근로소득을 능가하는 사회가 고착화된 것이다.

박정희 대통령의 유신체제는 산업화와 민주주의 간의 어두운 거래였다. 국가 근대화와 산업화에 모든 역량이 집중되었고, 이를 위한 행동은 최고 가치로 미화되었다. 필자 역시 '우리는 민족 중흥의 역사적 사명을 띠고 이 땅에 태어났다'로 시작되는 국민교육헌장을 외우기 위해 눈을 감고 수없이 반복했던 기억이 아직도 선명하다. 국민교육헌장은 국민의 가치관과 국가관을 통일시키는 이데올로기적 선언문이었다.

압축 성장은 인간의 삶을 희생시켰다. 자살률의 증가, 가정폭력, 각종 사회병리의 확산, 생태계 파괴는 경제성장 제일주의의 대가였다. 사회 전 영역에서 "성과가 전부"라는 가치관이 지배했고, 인간 존엄과 자연은 그 과정에서 소외되었다. 모든 관심은 돈에 집중되었고, 정부의 "국민 소득 1,000불과 마이카My Car 시대"라는 구호는 당시를 상징했다. 이 구호는 1인당 소득이 500

달러를 겨우 넘던 1970년대 초반에 등장했고, 1977년 국민 소득 1,000달러 달성과 1975년 현대자동차 포니 생산으로 자가용 시대가 열리며 현실이 되었다.

박정희 시대의 18년은 한국 근대사의 방향을 근본적으로 바꾼 시기였다. 그는 분명히 가난을 극복한 지도자였으나, 동시에 민주주의를 억압한 권위주의자였다. 경제 발전과 산업화의 성취를 인정하면서도, 자유와 인권, 그리고 인간의 삶이 희생된 대가를 함께 기억해야 한다. 오직 이 '공'과 '과'를 모두 직시할 때만이, 한국 사회는 산업화의 유산을 온전히 계승하면서도 그 시대의 오류를 반복하지 않을 수 있다. 그리고 그 성찰 위에서만, 극심하게 분열되어 가는 한국 사회를 통합의 길로 이끌 수 있을 것이다.

1987년 6월 항쟁. 서울시청 앞 광장을 가득 메운 시위대.

광주를 딛고 일어선 민주주의, 그리고 산업화를 넘어서다

박정희 대통령의 갑작스러운 궐위는 사회를 혼란에 빠뜨렸다. 아니, 군부가 의도적으로 혼란을 조성했다. 광주를 희생양 삼아 권력을 장악한 전두환 장군은 통제를 더욱 강화했고, 7년간 이어진 강압 통치는 국민의 자유를 옥죄었다. 그러나 이에 반기를 든 국민은 1987년 '6월 민주항쟁'을 통해 역사적 전환점을 만들어냈다. 시민들의 저항과 헌신으로 이뤄낸 6·29 선언은 전두환 체제의 항복 선언이자, 군정 종식의 신호탄이었다.

이는 4·19 혁명에서 시작된 한국 민주주의가 비로소 뿌리를 내리기 시작한 순간이었다. 국민의 직접 선거로 대통령을 선출하는 체제가 도입되었고, 이후 이 제도는 계속 유지되었다. 민주주의의 성숙을 여야의 평화로운 정권 교체로 본다면, 한국 민주주의는 김대중 대통령의 당선으로 완성되었다고 할 수 있다.

평생을 민주주의자로 살아온 김대중은 1998년 제15대 대통령에 취임했다. 박정희 대통령과 정치적으로 가장 첨예하게 대립했던 그는 수차례 투옥과 암살 위협 속에서도 신념을 꺾지 않았다. 마침내 국민의 선택을 받아 권력을 이양받았을 때, 그의 취임사는 "사랑하고 존경하는 국민 여러분!"으로 시작되었다. IMF 경제위기로 절망에 빠졌던 국민에게 그 한마디는 깊은 감동과 새로운 희망을 안겨주었다.

우리는 정치 지도자를 선택할 때 반드시 물어야 할 질문이 있다. 그것은 바로 "당신은 민주주의자입니까?" 민주주의는 완성된 상태가 아니라, 매일 지켜내고 가꾸어야 하는 살아있는 약속이다.

민주화 이후, 다시 날아오르다

민주화 이후 1997년 외환위기 직전까지 10년 동안, 한국은 연평균 7~9%의 고도 성장을 기록했다. 국민소득은 4천 달러에서 1만 2천 달러로 세 배나 증가했고, 경제와 민주주의를 동시에 이룬 드문 국가로 자리매김했다. 민주주의에는 경제적 기반이 필요하며, 경제가 선진국 수준에 오르기 위해서는 민주주의의 제도적 안정이 필수적이다. 정치와 경제는 동전의 양면처럼 맞물려 돌아간다.

오늘날 한국 사회는 산업화와 민주화, 어느 한쪽만으로는 이룰 수 없었던 길을 걸어왔다. 그럼에도 산업화와 민주화의 공과를 두고 평가는 여전히 극명하게 갈린다. 한쪽은 "산업화가 오늘의 한국을 만들었다"고 주장하고, 다른 쪽은 "민주화 없이는 선진국이 될 수 없었다"고 말한다.

그러나 현실은 분명하다. 경제 발전의 토대 없이 민주화를 이룬 나라는 없고, 민주주의 없이 선진국이 된 나라도 없다. 먹고사는 문제가 삶의 전부가 될 때 민주주의는 사치처럼 느껴지고, 개인의 자유가 보장되지 않는 사회에서는 창의성과 고부가가치 생산을 기대하기 어렵다.

일각에서는 "산업화는 누구나 할 수 있었다"고 말하지만, 그렇다면 왜 많은 동남아시아 국가는 실패했는가? 1970년대 세계 10

위권 부국으로 선진국의 문턱까지 갔던 아르헨티나는 왜 몰락했는가? 가능성은 누구나 말할 수 있지만, 현실은 냉정하다. 성공한 국가와 실패한 국가가 있을 뿐이다. 민주화도 마찬가지다. 경제가 발전하면 민주주의가 저절로 따라온다는 말은 허상이다. 그렇다면 왜 그 수많은 희생이 필요했겠는가? 인류 역사에서 민주주의는 말 그대로 "피를 먹고 자란다"는 말이 결코 과장이 아니다.

후발주자로서의 한국, 그리고 일본을 넘어서다

영국 산업혁명 이후, 서구 이외의 지역에서 산업화와 민주화를 모두 성공시켜 선진국 반열에 오른 후발국은 일본과 한국뿐이다. 도시국가와 같이 특수한 조건의 국가는 제외하면, 제2차 세계대전 이후 새롭게 형성된 국제 질서 속에서 이 두 가지를 모두 달성한 나라는 사실상 한국이 유일하다. 일본은 제국주의 패망 이후 미국의 전폭적인 지원 속에서 안정적인 재건이 가능했지만, 한국은 한국전쟁의 폐허 속에서 스스로 다시 일어서야 했다.

메이지 유신보다 100년 늦게 출발한 한국은 마침내 일본을 추월했다. 2024년 IMF 발표에 따르면 한국의 1인당 GDP는 34,640달러, 일본은 33,960달러로 사상 처음 한국이 일본을 앞질렀다. 수치 차이는 미미해 보일지 모르지만, 그 상징성은 결코 작지 않다. 필자가 사회에 첫발을 내디뎠던 1980년대만 해도 상황은 정반대였다. 당시 한국 대졸 초임은 약 35만 원, 일본은 약 17만 엔으로, 환율 기준 한국이 약 500달러, 일본은 1,400달러 수준이었다. 일본은 임금과 생활 수준 모두에서 한국보다 세 배 가까이 높았다. 출장에서 돌아온 직장인들이 "우동 한 그릇이 만 원"이라며 일본 물가를 살인적이라 표현했고, 하룻밤 10만 원짜리 호텔은 한국인에게 상상조차 어려운 사치였다.

한국의 산업화는 출발 자체가 늦었다. 메이지 일본이 19세기 후반 철도와 군수 공장을 세우고, 미국이 20세기 중반 반도체와 컴퓨터 혁명을 열던 때, 한반도는 식민지 · 전쟁 · 분단의 소용돌이에 갇혀 있었다. 우리는 1960년대에 이르러서야 경제개발 5개년 계획, 경부고속도로, 포항제철로 첫 기반을 놓기 시작했다. 지연Lag은 단순한 뒤처짐이 아니었다. 늦게 출발했기에 더 가파르게 달려야 했고, 단 한 세대 만에 한 세기의 거리를 좁혀야 했다.

한일 양국 1인당 GDP 비교표

연도	한국1인당 명목GDP	일본1인당 명목GDP
1980년	1,035 USD	9,659 USD
2024년	34,640 USD	33,960 USD

*IMF

그 시절 한국 기업들은 일본을 따라가기 바빴다. 삼성의 이병철 회장이 매년 일본에서 사업 구상을 시작했다는 말이 회자되었고, 현대자동차는 자체 엔진조차 없어 일본 미쓰비시의 라이선스를 받아 차를 생산했다. 전자제품과 자동차 시장에서 일본이 세계를 제패하던 시절이었다. 그러나 불과 30여 년 만에 한국은 그 벽을 넘어섰다. 2024년도 한국의 1인당 GDP는 일본보다 높으며, IMF는 한국이 5만 달러 수준까지 도달할 가능성을 점치고 있다. 반면 일본은 장기 성장 정체에 빠질 가능성이 크다.

이 모든 성취는 산업화나 민주화 어느 하나만으로는 이룰 수 없는 결과였다. 경제 성장과 자유, 그 두 가지의 균형 속에서만 진정한 선진국이 탄생할 수 있다는 사실을, 한국은 스스로의 역사로 증명해냈다.

한국과 일본, 무엇이 달랐는가?

메이지 일본의 산업화는 번개처럼 빠르게 진행되었다. 전통과 근대를 억지로 꿰매듯 붙여내면서도, 그 중심에는 '제국'이라는 목표가 있었다. 공장은 군대를 먹여 살리는 기지가 되었고, 근대의 과실은 소수의 권력층과 군국주의의 도구로 흡수되었다. 산업화는 성공했지만, 그 성공은 아시아를 향한 침략과 희생 위에 세워졌다.

반면 한국은 식민지와 전쟁, 분단이라는 시련을 거쳐 산업화를 이룩했지만, 그것은 국민 전체의 땀과 연대 위에서 가능했다. 일본이 국가 권력의 집중으로 근대를 추진했다면, 한국은 민주화와 산업화를 함께 끌어안으며 공동체 전체가 미래를 일구는 방식을 선택했다. 한국의 노동은 생존을 위한 땀방울이자, 민주화를 향한 투쟁의 깃발이었다. 노동 현장은 곧 저항의 광장이었다.

두 나라의 길은 모두 근대를 향했지만, 일본이 '제국'을 만들었다면 한국은 '민주'를 만들었다. 오늘 우리는 다시 같은 질문 앞에 서 있다. AI 시대의 산업화는 소수의 권력과 자본을 위해 봉사할 것인가, 아니면 모두의 자유와 창의성을 지키는 민주적 토대가 될 것인가.

개방이후 중국과 한·중·일의 AI 시대

개방 이후 중국은 세계의 공장으로 부상하며 수억 명을 빈곤에서 해방시켰고, 세계 2위 경제 대국으로 성장하는 데 성공했다. 하지만 앞으로 10~20년, AI 시대의 경쟁력 또한 세 나라의 제도와 사회문화가 갈라놓을 것이다.

일본은 축적된 기술과 제조업의 정밀성을 강점으로 하지만, 변화에 소극적인 문화와 고령화가 발목을 잡을 수 있다. 중국은 세계 최대 규모의 데이터와 시장을 무기로 AI 산업을 빠르게 키워

갈 것이지만, 통제 중심의 체제가 국제적 신뢰와 창의적 혁신을 제한할 가능성이 크다. 한국은 이 둘 사이에서 산업화와 민주화를 압축 경험한 사회적 DNA를 바탕으로 속도와 합의를 동시에 낼 잠재력을 지녔다. 산업화 때는 '늦게, 그러나 더 가파르게'였다면, AI 시대는 '빠르게, 그러나 민주적으로' 방향을 정할 수 있는지가 성패를 가를 것이다.

한국이 선택해야 할 길은 단순한 기술 추격이 아니라, 민주주의와 창의성을 결합한 AI 문명 모델을 제시하는 것이다. AI 시대에는 빠르게, 그러나 민주적으로 방향을 설정할 수 있는지에 성패가 달려 있다.

한국은 불가능을 가능으로 만든 나라다

불과 반세기 전, 한국은 세계 최빈국이었고 원조 없이는 하루도 버티지 못하는 나라였다. 그러나 전쟁의 폐허 → 원조 경제 → 산업화 → 수출 경제 → 민주화 → 첨단 산업국가로 이어진 변화의 궤적은 전례 없는 발전의 서사다. 단 한 세대 만에 산업화와 민주화를 동시에 이룩했다. 독재와 희생, 군사 쿠데타와 시민 혁명이 교차했지만, 결국 이 땅은 가난과 권위주의를 동시에 극복했다. 산업화와 민주화, 두 개의 기적을 단 한 세대 만에 달성한 나라는 한국뿐이다. 이 성취는 결코 우연이 아니었다. 그렇다면,

이러한 기적을 가능하게 한 원동력은 무엇이었을까?

한국인의 높은 자존감 그리고 평등의식

첫째, 한국인은 강한 평등의식과 정의감을 사회의 근간으로 삼는다. "법 앞에 만인은 평등하다"는 원칙은 단순한 구호가 아니라 실제 행동으로 이어졌다. 4·19 혁명, 부마항쟁, 광주 민주화 운동, 6월 항쟁 모두가 이런 정의감과 평등의식에서 비롯되었다. 한국은 세계에서 보기 드물게 세 명의 대통령을 국민의 힘으로 평화적으로 퇴진시킨 나라다. 이승만, 박근혜, 윤석열에 이르기까지 최고 권력자조차 국민의 뜻 앞에서 무력화될 수 있다는 점은 성숙한 시민 사회와 권력 견제의 전통을 보여준다.

둘째, 한국인은 강한 민족적 자긍심과 책임감을 지녔다. 중국이라는 거대 국가의 오랜 영향권 속에서도 단 한 번도 직할 통치를 받은 적 없는 역사를 이어왔고, 5,000년간 독립을 지켜왔다. 이 자긍심은 '우리는 할 수 있다'는 자신감으로 이어졌다. 전 세계가 일본을 경외하던 시절에도, 한국은 일본을 추월하겠다는 목표를 포기하지 않았다.

셋째, 양심에 기초한 시민문화가 정착되어 있다. 도서관이나 카페에 스마트폰과 노트북을 두고 자리를 비워도 도난을 걱정하지 않는 풍경은 외국인에게 놀라움 그 자체다. 이는 재물에 무관심해서가 아니라, '남의 것을 손대지 않는다'는 사회적 합의와 신뢰 때문이다. 이러한 시민문화는 K-브랜드와 한류 콘텐츠의 신뢰 기반이 되었으며, 한국에 대한 세계인의 호감과 존중을 확산시키는 힘이 되었다. 그 흐름은 전지구적 열풍을 불러일으킨 '2025년 케데헌'으로 이어지고 있다.

남북한의 극명한 대비 - 사회체제의 중요성

한국은 분단이라는 특수한 비교 환경을 가진 국가다. 지난 70년간 남북한의 상반된 길은 사회 체제의 선택이 어떤 결말을 낳는지를 분명히 보여준다. 남한은 자본주의, 북한은 사회주의 체제를 채택했지만, 이는 민중의 자발적 선택이 아니라 냉전 질서의 산물이었다. 그 결과, 초기에는 북한이 남한보다 잘살았으나, 오늘날 북한은 세계 최빈국 중 하나가 되었고, 남한은 세계 10위권 경제 대국으로 도약했다. 남한은 자발적 경쟁을 받아들인 사회였고, 북한은 국가 통제 체제를 고수했다. 경쟁은 불평등을 낳을 수 있지만, 동시에 창의성과 혁신을 자극하는 핵심 동력이었다. 남북한의 상반된 결과는 같은 민족, 같은 역사, 같은 문화라도 사회 체제가 다르면 결과가 전혀 달라질 수 있음을 증명한다.

AI 시대의 도전과 가능성

이 모든 요소가 결합해, 한국은 불가능을 가능으로 만든 나라로 자리매김했다. 산업화와 민주화를 동시에 달성한 한국의 길은 세계사 속에서도 독자적인 장을 차지하고 있다. 그리고 이 길은 단지 과거의 영광이 아니라, 기술 격차, 인구 감소, 자원 재분배 같은 AI 시대의 새로운 도전에 맞서 다시 한 번 세계를 선도할 수 있다는 가능성을 내포한다. 한국이 과거에 보여준 회복력과 창의성은, 앞으로 다가올 거대한 변화 속에서도 여전히 가장 강력한 경쟁력이 될 것이다. 단 한 세대 안에 수백 년의 변화를 압축적으로 경험한 사회 집단은 오랫동안 안정 속에 머물러온 집단보다 변화에 더 민첩하다. 산업화 · 민주화를 모두 거친 경험은 한국에 '속도'와 '사회적 합의 능력'을 동시에 부여했다. AI 시대의 윤리 기준 설정, 사회 안전망 강화, 창의성 중심 교육의 조기 정착-한국은 그 시험대에 가장 먼저 오를 준비가 된 나라다.

한 세기와 한 세대의 차이

곰곰이 생각해 보면, 내 삶에는 괴베클리 테페에서 시작된 인류 문명의 정수가 모두 녹아 있다. 문명의 빛나는 유산은 나를 일으켜 세웠고, 그 어두운 유산은 나를 단련시켰다. 산업혁명에서 AI 시대에 이르기까지, 산업화와 민주화의 전 과정은 내가 직접 체험한 현실이자 한국인의 집단 기억이다. 그리고 그 모든 변화는 한 번의 내 삶 안에서 일어난 일이다. 같은 길을 간 일본이 100년이 걸렸지만, 한국은 30년 만에 해냈다. 한 세기와 한 세대는 다르다. 한 세기 이야기는 할아버지 이야기이지만 한 세대 이야기는 자신의 이야기이다. 또한 일본은 근대를 외부에서 수입했기에, 내적 갈등이 깊었다. 한국은 일본과 달리 산업화-민주화 과정을 통해 스스로 근대를 재구성했다. 오늘날 AI 시대 한국이 가질 수 있는 가능성은 바로 이 '재구성의 힘'이다

오늘 한국의 새로운 모순

첫째, 불평등과 양극화가 심화되었다. 성장의 과실이 골고루 분배되지 못하며 세대 · 지역 · 계층 간 격차가 구조화되었다. 청년 세대는 양질의 일자리와 주거 기회를 얻기 어렵고, 자산 격차는 부모 세대와의 거리를 더욱 벌리고 있다. 희망 없는 사회는 OECD 국가 중 자살률 1위라는 불명예로 나타난다.

둘째, 사회적 신뢰의 양면성이 두드러진다. 높은 시민의식과 생활 속 신뢰 문화에도 불구하고 정치적 양극화와 불신이 심화되었다. 협력보다 분열, 공론보다 진영 대립이 앞서 국가적 합의 형성이 점점 어려워지고 있다.

셋째, 저출산 · 고령화의 가속화가 사회의 지속 가능성을 위협

한다. 세계에서 가장 빠른 속도로 진행되는 인구구조 변화는 노동력 부족과 복지 부담, 경제 활력 저하라는 삼중고를 예고한다.

넷째, 성장의 방식이 낡은 틀에 갇혀 있다. 여전히 압축 성장기의 경쟁·성과 중심 모델에 의존하는 경향이 강해, 창의성과 다양성, 삶의 질을 높이는 방향 전환이 지연되고 있다. 이는 AI·기후위기 시대의 새로운 패러다임 전환에 걸림돌이 된다.

이 모순은 단순한 사회문제가 아니라, 앞으로의 국가 생존 전략과 문명적 전환을 설계하는 데 반드시 해결해야 할 구조적 과제다. AI 시대의 거대한 전환 앞에서 이 모순들은 단순한 사회 문제가 아니라 국가 생존 전략의 분수령이 된다. 불평등이 해소되지 않으면 기술은 독점이 되고, 분열이 극복되지 않으면 민주주의는 마비된다. 저출산·고령화가 개선되지 않으면 아무리 뛰어난 AI도 사회의 지속 가능성을 담보할 수 없다. 그러므로 한국의 과제는 단순한 성장 모델의 수정이 아니라, 새로운 문명 설계의 모범을 보여주는 일이 되어야 한다.

서울, 살아 숨 쉬는 현대도시 도전 앞에 다시서다

서울은 전통과 현대가 공존하는 도시다. 유네스코 세계유산인 궁궐·종묘가 현대적 스카이라인과 어우러지고, 청계천은 도시 재생의 상징이 되었다. 산은 대중교통만으로 닿을 수 있고, 시민의 친절·안전한 치안·풍부한 먹거리는 도시의 매력을 완성한다. 30년 전 회색빛 이미지에서 오늘의 복합문화도시로 변화한 배경에는, 사람에 대한 호감이 공간과 문화를 바꾸는 힘이 있었다. "신부가 예쁘면 처갓집 말뚝에도 절한다"는 말처럼, 한국 사회에 대한 매력은 이제 도시와 문화를 넘어, 인간 중심 사회로서의 감동으로 이어지고 있다.

한 사회는 구성원의 인식 수준에 맞는 사회를 갖게 된다. 위대한 이집트 문명은 스스로 신이 된 파라오의 절대적 리더십이 불가사의한 기념비를 가능케 했고, 그리스인의 인간 탐구 정신은 민주주의의 씨앗이 되었다. 르네상스가 없었다면 현대 사회도 존재하지 않았을 것이다.

새로운 출발점

1929년, 인도의 시성 라빈드라나트 타고르는 〈동방의 등불〉이라는 시에서 식민지 조선에 대해 이렇게 노래했다.

아시아의 황금시기에
빛나던 등불의 하나였던 코리아,
그 등불은 다시 한 번 밝혀져
동방을 비출 날을 기다리고 있다.

The Lamp of the East - Rabindranath Tagore

In the golden age of Asia

Korea was one of its lamp-bearers,

and that lamp is waiting to be lighted once again

for the illumination of the East.

오늘, 한국은 AI 시대의 문턱에 서 있다. 우리가 켜야 할 등불은 경제를 넘어 인류 공동체의 미래를 비추는 빛이다. 그 문명을 어떻게 설계할 것인가-그 질문에 답하는 일, 그것이 우리의 마지막 과제이자 새로운 출발점이다. AI는 국경을 넘어 연결되고, 기술은 사람을 향할 때만 진정한 가치를 갖는다. 우리가 켜야 할 등불은 경제를 넘어, 인류 공동체의 지속 가능한 미래를 비추는 빛이어야 한다. 그 빛이 닿는 세상은 도덕적이고 창의적이며, 지속 가능하고 평화로운 문명일 것이다. 우리는 지금, 그 문명을 향해 가고 있는가?

11장

인간의 노동, 다시 문명을 짓다

- 인간의 존엄으로 짓는 미래

"우리는 과거 문명의 궤적 위에 서서, 기술과 인간성의 갈림길에서 새로운 문명의 설계자가 될 것을 요구받고 있다."

자동 조광창으로 햇살이 들고, AI 어시스턴트가 하루를 열어준다. 삶은 더 편리해졌지만, 우리는 그만큼 더 인간다운 일을 하고 있는가? 기술이 문명을 바꿀 때, 인간은 어디에 있어야 하는가?

문명의 흐름에 따라 변하는 사회

인류 문명은 필요가 아니라 상상력에서 시작되었다. 생존의 욕구가 아니라, 보이지 않는 것을 그려내는 힘이 우리 문명의 원동력이었다. 그리고 그 상상력은 각 시대마다 다른 모습으로 인류를 새로운 지평으로 이끌었다.

괴베클리 테페의 신전은 집단의 협력으로 세워졌고, 이집트의 피라미드는 권위와 영속성을 상징했으며, 그리스는 인간의 이성과 사유로 새로운 정치와 철학의 문을 열었다. 이슬람은 고대의 지식을 보존·발전시켜 르네상스의 불씨를 지폈다. 르네상스는 오랜 세월 인류와 함께했던 신을 인간과 분리시켰다. 이를 바탕으로 인간은 새로운 삶의 방식을 익혔고, 산업혁명은 전례 없는 생산 양식을 통해 먹을거리의 한계에서 인류를 해방시켰다. 근대 동아시아의 도전과 한국의 압축 성장은 서구 이외의 세계가 보여준 새로운 발전 모델이었다. 20세기 후반 미국의 IT 혁명은 컴퓨터·인터넷·소프트웨어로 정보와 네트워크를 새로운 생산수단으로 만들었고, 이 플랫폼 혁명은 곧 AI 시대를 여는 토대가 되었다.

이제 우리는, 그 모든 과거의 궤적 위에 서 있다. 그와 함께 새로운 길을 모색해야 할 순간에 와 있다. 『이상한 나라의 앨리스』 속, 물 위를 우아하게 미끄러지는 백조는 평화로워 보인다. 그러나 그 고요는 수면 아래 끊임없는 발길질 없이는 유지될 수 없다. AI는 단순한 기술 혁신이 아니라 사회 구조, 경제 체계, 가치관의 전면 개편을 요구한다. 이것은 단순한 변화가 아니라, 근본적인 '문명의 변혁'이라 불러야 옳다.

산업혁명 이후 인류는 노동의 효율을 극대화하기 위해 노력해 왔다. 그러나 이제 우리는 인간 노동이 대체되는 시대로 진입하고 있다. AI와 자동화 기술은 이미 우리의 일과 삶을 바꾸기 시작했으며, 그 파급력은 세대와 국경을 넘어 확산될 것이다. 우리는 자신이 속한 문명을 뛰어넘어 살 수 없다. 문명은 사회 구성원들이 공유하는 상식, 지식, 과학·기술, 가치관의 총합이다. 그리고 문명은 언제나 기술과 함께 진화해왔다. AI와 초연결 네트워크, 바이오·에너지 혁신은 앞으로 다가올 새로운 문명의 토대가 될 것이다. 그러나 그 전환은 제도만이 아니라 우리 각자의 '일'의 목적과 성격을 근본적으로 바꾼다.

기존 일자리들은 어떻게 될까?

지금 우리의 대부분이 종사하는 지금까지의 일은 앞으로 어떻게 될까? AI 시대가 되면 우리가 지금 하는 일은 모두 사라질까? 그렇지는 않다. 다만 그 일의 목적이 달라질 것이다. 지금까지 직업은 지식과 기술을 활용하여 부를 생산하는 일이었다. 자연을 개조하거나 효율을 올려 부가가치를 높이는 일에 대한 보상이 이루어지는 것은 이런 원칙에 기반하는 일이다. 하지만 앞으로 모든 일은 자신의 지식과 경험 그리고 기술을 이용하여 사람과의 네트워크를 구성하고 그 네트워크에 참여하는 것이 주 목적이 될 것이다. 더 이상 "무엇을 얼마나 생산했는가"가 중심이 아니라, "누구와 어떤 관계를 맺으며 살아가는가"가 직업의 본질이 된다.

의사는 병을 단순히 고치는 존재에서, 환자의 마음을 어루만지고 건강한 삶을 함께 설계하는 동반자가 될 것이다. 법률가는 법 조항의 해석자가 아니라, 사람들이 사회생활에서 마주하는 불안과 갈등을 함께 고민하고 해결을 제시하는 조언자가 될 것이다. 기술자는 자신의 기술에 관심 있는 사람들과 연결되어, 자연과 일상 속에 숨어 있는 흥미로운 이야기를 발견하고 나누는 창의적 탐험가가 될 것이다. 교사는 지식을 주입하는 사람이 아니라, 학생과 함께 배우고 성장하며 탐구의 길을 여는 안내자가 될 것이다. 예술가는 작품을 만들어내는 생산자를 넘어, 사람들의 감각과 감정을 연결하며 공동체가 공감하고 치유받는 장을 여는 촉매가 될 것이다. 농업인은 단순한 생산자가 아니라, 지역과 소비자를 연결하며 생태적 가치를 함께 지키는 공동체의 지킴이가 될 것이다. 연구자는 지식을 쌓는 데 그치지 않고, 다양한 배경을 가진 사람들과 협력하여 문제를 함께 해결하는 지혜의 중개자가 될 것이다. 돌봄 노동자는 단순한 서비스 제공자가 아니라, 인간적 존엄을 함께 세워가는 관계의 중심이 될 것이다. 현장 노동자 청소·운송·건설 등는 단순히 육체적 노동을 수행하는 존재가 아니라, 사람들이 안전하고 존엄하게 생활할 수 있는 환경과 공간, 그리고 일상의 흐름을 지탱하는 공동체의 기둥이 될 것이다.

모든 일은 사람을 향하고, 사람들 간의 관계를 가장 중요한 가치로 삼게 된다. 이러한 변화가 진행되면서 자연스럽게 자격증의 벽도 허물어지고, 직업의 귀천 또한 사라지게 될 것이다. 사람들 개개인은 자신의 지식, 지혜, 기술을 기반으로 네트워크에 참여하고 문명의 일원으로 살아가게 될 것이다. 새로운 기술은 새로운 사회 기반을 요구한다. 신석기 농경의 시작은 우리에게 집단 정착 생활에 맞는 사회 구성체를 요구했고, 인간은 사회와 국가를 만들었다. 산업혁명은 신성 불가침의 사유재산을 필요로 했고, 그에 걸맞게 사회는 변화해 왔다. 그리고 우리는 지금, 새로운 AI 시대로 진입하고 있다. 우리가 여전히 과거의 사회 방식에 집착한다면, 기다리고 있는 것은 불행한 미래뿐일 것이다. 그러나 그 문명이 어떤 모습이 될지는 '기술'이 아니라 '우리'가 결정한다.

"우리는 무엇을 하고 살 것인가?" "나는 어떤 세상에 살기를 바라는가?"

서두에서 던졌던 이 질문은 이제 더 이상 추상적이지 않다. 이것은 곧 "미래의 문명을 어떤 모습으로 만들 것인가"라는, 지금 우리 앞에 놓인 구체적이고 절박한 선택지다. AI 시대는 스스로 좋은 사회가 되지 않는다. 기술의 힘이 인류 전체를 위한 문명으로 작동하려면, 우리는 지금 준비가 필요하다. 무엇보다 새로운 사회와 그를 뒷받침하는 제도적 틀을 마련해야 한다.

AI 시대의 핵심 의제: 부의 재분배와 인간 존엄을 위한 길

AI가 가져오는 가장 큰 충격은 노동 구조의 변화와 부의 집중이다. 산업혁명 당시 인간은 "기계가 노동을 대체할 것인가"를 물었지만, 오늘날 우리의 질문은 더 근본적이다. "AI가 인간의 판단과 창의까지 대체할 것인가?" 이 과정에서 부와 권력이 소수 기업과 계층에 집중된다면, 사회 전체는 불평등과 불안정에 빠질 수밖에 없다. 따라서 AI 시대의 핵심 의제는 "부의 집중을 어떻게 분산하고, 인간의 존엄을 어떻게 보장할 것인가"로 압축된다.

이 핵심을 현실화하는 두 가지 축은 정치 개혁권력의 재배치과 세제 개혁부의 재배치이다. 정치가 권력의 방향을 정한다면, 세금은 부와 자원의 흐름을 결정한다. 어느 한쪽만으로는 균형이 성립하지 않는다. 정치 개혁 없는 세제 개혁은 관철될 수 없고, 세제 개혁 없는 정치 개혁은 공허하다. 두 축은 AI 시대 문명을 열어갈 양대 수레바퀴다.

① 정치 개혁 – 권력의 재배치

정치는 문명의 설계도다. 기술이 미래를 결정하는 것처럼 보이지만, 실제로는 정치가 기술의 윤리와 방향을 정한다. 그러나 오늘날의 정치 제도는 산업사회의 구조 위에 세워져, 디지털·AI 시대의 속도와 복잡성을 따라가지 못한다. 이대로라면 AI가 만드는 미래는 인간을 위한 것이 아닐 수 있다.

따라서 정치 개혁은 필수적이다. 핵심은 누가 의사결정 권한을 가지는가이다. 시민 참여 확대를 위해, 무작위 추첨이나 신청을 통한 시민의회 같은 직접민주주의 요소를 제도화해야 한다. 여기에 AI를 결합하면 전문성 부족을 보완할 수 있다. AI는 방대한 자료 분석과 정책 시뮬레이션을 제공하여, 시민들이 보다 합리적 판단을 내리도록 돕는다.

역사적으로도 정치 참여 방식은 하나로 고정되지 않았다. 중세 이후 의회제의 확산과 함께 '선거'는 점차 표준이 되었지만, 선거 역시 오랜 진화를 거쳤다. 제한선거에서 보통·평등선거로 확대된 것은 19~20세기였다. 즉, 지금의 선거 민주주의조차 역사적으로 최근의 제도이며, 절대적 형태가 아니다. 근대 이후 우리는 '선거'를 민주주의의 본질로 여기지만, 고대 아테네의 민주정은 달랐다. 중요한 공직자는 추첨Lottery으로 선발되었다. 이는 권력이 특정 계층에 고착되는 것을 막고, 모든 시민에게 평등한 참여 기회를 보장하기 위한 장치였다. 그러나 당시의 추첨제는 기술 발달의 미비로 인해 참여자의 정치적 판단이나 범위에 한계가 있었다.

바로 이 지점에서 AI 시대의 민주주의는 새로운 가능성을 가진다. AI는 방대한 자료를 분석하고 정책의 결과를 시뮬레이션함으로써, 시민 추첨제의 전문성 부족을 보완할 수 있다. 동시에 오늘날의 시민권은 아테네와 달리 훨씬 더 넓고 보편적이다. 누구도 배제되지 않은 채, 다양한 배경을 가진 사람들이 동등하게 참여할 수 있다.

즉, 아테네가 꿈꾸었으나 끝내 실현하지 못한 "모든 시민의 평등한 정치 참여"가 이제야 비로소 가능해지는 것이다. AI는 과거 민주주의의 한계를 보완하고, 시민 참여를 단순한 이상이 아니라 현실적 제도로 만들 수 있는 도구다.

이를 위한 구체적 실험은 기존의 공공근로 제도를 활용해 가능하다. 공공근로를 단순 일자리 제공에서 나아가, 일정 인원을 시민참여단으로 선발해 행정 과정에 참여시키는 것이다. 지금의 공공근로는 취약자들을 위한 사회적 배려 차원으로 이루어지고 있다는 이미지가 강하다. 하지만 AI 시대에는 굳이 계층을 나누어 복지를 시행할 필요가 없어지게 될 것이다. "AI시대 공공근로"는 복지 차원에서 접근하는 것이 아니라 사회의 일원으로 공공 업무에 참여하고 책임있는 시민으로서의 역할을 다하는 것으로 전환될 수 있다. 공공근로자는 자신의 근로시간을 시민의회 활동이나 정책 제안에 투입하고 이런 역할에 대해 보상받을 수 있다. 이렇게 되면 AI시대 공공근로 일자리는 단순한 생계 유지가 아니라 정치적 시민권 실현으로 확장된다.

정치는 전문가의 전유물이 아니라, 일상 속에서 시민이 함께 결정하는 삶의 일부여야 한다. AI 시대의 민주주의는 더 이상 형식적 제도가 아니라, 실시간 연결과 집단 지성으로 확장되어야 한다. 정치는 선택의 결과다. 그리고 그 선택은 우리 자신에게 돌아온다. 더 이상 자신의 이익을 포장하여 괴변을 늘어놓는 정치인을 볼 필요가 없어진다. 직접민주주의 도입으로 시작되는 정치는 정치 모든 분야로 확산될 것이다. 이를 통해 권력과 결정권이 국민에 있음을 다시 확인하고, 사회의 주요 모순들을 풀어낼 실마리가 마련될 것이다.

② 세금, AI 시대의 사회 계약 – 세금은 철학이다

정치가 권력의 문제라면, 세금은 부와 자원의 문제다. 파라오가 피라미드를 쌓을 때도, 중세의 왕이 전쟁을 벌일 때도, 세금은 늘 권력의 그림자와 함께 있었다. 그러나 이제 AI가 만들어내는 초과 이익 앞에서, 우리는 새로운 질문을 던지지 않을 수 없다. 이 부를 어떻게 사회 전체의 공유재로 바꿀 것인가? 세금은 단순한 재정 기술이 아니라, 문명이 무엇을 꿈꾸는가를 드러내는 철학이다.

AI와 자동화가 빠르게 노동을 대체하고, 부는 플랫폼과 자본에 집중된다. 과거 농경의 잉여Surplus가 권력의 기반이 되었듯, 오늘날 데이터와 알고리즘이 새로운 잉여를 만든다. 그 잉여를 사회 전체로 환원하는 장치가 바로 세금이다. 새로운 세원의 발굴 역사는 지속적으로 이어져왔다. 오늘날 당연하게 여기는 소득세도 1842년 영국에서 처음 도입된 것이며, 저작권료와 특허 수입 과세 역시 20세기 초에 등장했다. 기본소득, 기본서비스, 디지털세, 로봇세, 그리고 데이터세-이 모든 것은 단순한 제도가 아니라 새로운 문명의 계약서다.

"높은 세율은 창의성을 죽인다"는 오래된 논리가 있다. 하지만 역사는 그 반대의 증거를 보여준다. 위대한 창의적 인물들은 결코 혼자 빛나지 않았다. 스티브 잡스는 실리콘밸리의 생태계와 투자자 마이크 마르쿨라의 지원 속에서 애플을 세웠고, 피카소는 초기 작품을 사주고 지지했던 게르트루드 스타인, 그리고 전속 화상 다니엘 칸바일러 덕분에 예술 실험에 몰두할 수 있었다. 모차르트는 잘츠부르크 대주교의 궁정, 오스트리아 황실의 지원, 그리고 귀족 살롱의 청중의 후원 속에서 음악을 펼쳤으며, 루소는 파리의 살롱 문화와 출판 네트워크 덕분에 사상을 사회적 힘으로 만들 수 있었다. 프리다 칼로 또한 남편인 디에고 리베라와 예술계 후원자들의 지지를 받았다. 르네상스의 피렌체, 근대의 파리, 현대의 실리콘밸리 역시 다양성과 안전망 속에서 창의의 불꽃을 피웠다. 실패를 용납하지 않는 일본은 창의성에서 실패했다. 생존이 보장될 때, 인간은 비로소 "어떻게 살아야 하는가"라는 더 근본적인 질문을 던진다. 르네상스의 천재들이 우연히 한 시대에 몰려 나온 것이 아니듯, 창의성은 천재 개인의 천부적 재능이 아니라 사회가 마련한 조건 속에서 태어난다.

오늘날 세계 곳곳에서 실험 중인 기본소득은 이를 증명한다. 기본소득은 단순한 현금 지원으로 끝나지 않는다. 생존의 불안이 사라지자, 사람들은 소비 대신 배우고, 만들고, 도전하는 데 더 많은 힘을 쏟는다. 아일랜드의 예술가 기본소득 실험에서는 창작 시간이 늘고 불안이 줄어들었다. 알래스카의 배당금 제도는 더 많은 이들이 창업에 나서도록 만들었다. 학문적 연구들 역시 노동이 줄기보다는 학습과 창작, 돌봄에 더 많은 시간을 할애하는 모습을 보여준다. 심리학 연구는 이러한 변화를 뒷받침한다. 불안과 스트레스는 창의적 사고를 억누른다. 스트레스가 줄어든 마음은 더 창의적으로 사고하며, 배우고, 시도할 수 있다. 지금의 세금 구조야말로 오히려 도전과 창의를 가로막는 제도일 수 있다. AI 시대의 재분배는 시혜가 아니라, 사회적 연대이자 창의성의 토양이다.

더 근본적으로 필요한 변화는 세제를 설계하는 주체에 있다. 20세기 산업사회에서 세금은 코포라티즘Corporatism, 조합주의-노·사·정이 협상 테이블에 앉아 임금, 복지, 세금을 조율하던 구조-의 산물이었다. 하지만 그 구조는 제조업과 임금 노동이 중심이던 시대에만 유효했다. 지금은 초국적 플랫폼과 AI 기업이 경제를 이끌고, 인간 노동은 더 이상 세수의 중심이 아니다.

AI 시대에는 코포라티즘을 뛰어넘는 새로운 사회적 합의가 필요하다. 그 원탁에는 노동자와 자본, 정부뿐 아니라 소비자로서의 시민, 기술 전문가, 그리고 AI가 제공하는 데이터 분석이 함께 앉아야 한다. AI는 방대한 자료와 시뮬레이션을 통해 조세 정책의 복잡성을 단순화하고, 시민이 합리적 선택을 할 수 있도록 돕는다. 고대 아테네가 꿈꾸었던 직접민주주의는 규모와 전문성의 한계 때문에 미완으로 끝났으나, AI는 그 한계를 넘어설 수 있다. 세금은 더 이상 소수의 권력이 정하는 규칙이 아니라, 시민과 AI가 함께 쓰는 새로운 사회 계약이 될 수 있다.

그러나 세금의 철학은 쓰임에서도 드러난다. 일부 예산은 시민이 직접 설계 · 투표 · 감시하고, AI는 그 전 과정을 투명하게 공개한다. 그때 세금은 더 이상 '정부의 돈'이 아니라, '시민이 직접 관리하는 자원'이 된다.

역사를 돌이켜보라. 파라오의 세금은 피라미드를 세웠고, 중세의 세금은 왕과 교회의 전쟁을 먹여 살렸다. 근대국가의 세금은 산업과 제국의 엔진이 되었다. 이제 AI 시대의 세금은 인간다운 삶과 창의성, 그리고 지속 가능한 지구 공동체를 위한 재원이어야 한다. 세금은 단순히 돈을 모으는 기술이 아니라, 우리가 어떤 문명을 만들고자 하는지 보여주는 거울이다.

인간 존엄 – 모든 제도의 최종 목적

정치 개혁과 세제 개혁은 AI 시대 사회 설계의 양대 축이다. 그러나 그 자체가 목적은 아니다. 아무리 정교한 제도라 해도 인간의 존엄을 중심에 두지 않는다면 결국 공허하다. AI 시대의 진정한 핵심 의제는 기술을 통해 더 많은 자유와 더 넓은 협력을 가능케 하되, 인간의 존엄을 사회의 최종 기준으로 삼는 것이다. 정치와 세제 개혁은 그 존엄을 지키기 위한 수단이며, 그 너머에 놓인 과제는 새로운 문명 사회에서 인간의 의미를 다시 발견하는 일이다.

핵심의제와 더불어 같이 해야 할 중요한 변화들

정치 개혁과 세제 개혁 중심축 이외에도 중요한 변화들이 필요하다. 중요한 변화의 시작점은 교육이다.

① 미래를 준비하는 학교– 2B 교육으로의 대전환

'2B 교육'은 단순한 지식 주입이 아니라, 인간이 존재한다는 것의 의미를 배우는 과정이다. 2B 교육은 Brain^{두뇌}과 Body^{육체}와 함께 셰익스피어의 물음 "To be, or not to be"라는 두 축을 의미한다. 공교육은 이 두 힘을 균형 있게 길러야 한다. 그러나 과거의 학교는 사회가 필요로 하는 인재를 기계적으로 배출하는 공장과 같았다. 표준화된 커리큘럼, 정답이 정해진 시험, 위계적인 지식 구조 속에서 학생들은 순응과 적응을 배워야 했다. 하지만 AI 시대에 진정으로 중요한 것은, 기존의 정답을 따르는 능력이 아니라 스스로 질문하고 새로운 길을 찾는 힘이다.

'Brain'의 교육은 단순한 암기와 추론을 넘어, 뇌과학적 이해를 포함해야 한다. 기억과 감정, 창의적 연결의 원리를 배우며, 명상과 마음챙김 같은 자기조절 훈련을 익히고, 질문 · 비판적 사고 · 창의적 문제 해결 능력을 기른다.

'Body'의 교육 역시 체육이나 단순한 체력 단련을 넘어, 몸 자체를 학습하는 과정이어야 한다. 학생들은 자신의 몸이 어떻게 움직이고 반응하는지 이해하며, 감각 · 호흡 · 균형 · 자세를 인식하는 훈련을 한다. 동시에 직접 손으로 만들고, 노동하고, 농사 · 돌봄 · 공동 프로젝트에 참여하면서 몸을 통해 세상과 부딪히는 경험을 쌓는다. 이렇게 몸은 단순히 움직이는 도구가 아니라, 학습 가능한 지혜의 장이 된다. 뇌를 이해하고 마음을 다스리는 Brain 교육, 몸을 배우고 실천하는 Body 교육이 만날 때, 아이들은 자신이 어떻게 존재하는지를 깊이 자각하게 된다.

이 철학을 현실로 구현하는 대표적 실험이 'AI를 활용한 책 쓰기' 프로젝트다. 교실은 시험장이 아니라 자신의 생각을 구조화하는 공간이 된다. AI와 질의 응답을 통해 자신의 생각을 구체화해가면서, 그 결과를 정리하여 동료와 협력해 한 권의 책을 완성해 간다. 이 과정은 Brain을 통한 사유와 창의, Body를 통한 체험과 학습, 그리고 Being-존재의 자각까지 아우른다. 책 주제를 제한하지 않고 열어두면, 각자는 자신의 뇌와 몸을 매개로 존재를 표현하고, 그 다양성 속에서 인간 존재의 다채로움이 드러난다.

이제 교사의 역할도 달라져야 한다. 지식을 전달하는 사람이 아니라, 학생이 흥미를 발견하도록 돕는 안내자, 좋은 질문을 던지는 동반자, 그리고 AI가 대체할 수 없는 공감과 윤리, 공동체의 감정을 조율하는 존재로 변해야 한다. 과거 교육이 직업을 얻기 위한 투자였다면, 미래 교육은 삶을 설계하는 연습이 되어야 한다. 경쟁에서 이기기 위해 배우는 것이 아니라, 서로 공존하기 위해 배우는 교육으로 전환되어야 한다.

대학 숫자를 늘리는 것으로는 문제를 해결할 수 없다. 중요한 것은 '출발선의 평등'이 아니라, 각자가 다양한 방향으로 삶을 설계할 수 있는 능력을 길러주는 것이다. 학교는 더 이상 서열화된 통로가 아니라, 삶의 가능성을 열어주는 플랫폼이 되어야 한다. 성찰 보고서와 협업 과정을 평가 지표로 삼는다면 성과주의의 벽도 넘을 수 있다.

결국 2B 교육은 아이들에게 "나는 어떻게 생각하고, 어떻게 느끼며, 어떻게 존재하는가"라는 물음을 실제 경험 속에서 배우게 하는 길이다. AI 시대의 공교육은 머리와 몸, 그리고 존재 전체를 깨우는 교육이어야 한다. 그것이 바로 '2B' 이면서 동시에 'To Be' 교육이며, 공존의 미래로 가는 새로운 길이다.

② 인간을 인간답게 – 모두가 향유하는 문화와 예술

AI는 데이터를 분석하고 패턴을 인식하며, 효율을 극대화하는 데 능하다. 그러나 기계는 슬픔을 느끼지 않고, 통증을 경험하지 않으며, 아름다움에 감동하지 않는다. 그렇기에 문화와 예술은 언제나 가장 인간적인 영역으로 남는다. 예술은 인간이 세계를 해석하고 감정을 표현하는 방식이며, 문화는 공동체가 공유하는 정서의 언어다. 이 두 영역은 단순한 취미가 아니라, 사회의 윤리적 나침반이자 공공적 자산이다.

기술이 예술을 위협할 것이라는 우려도 있지만, 실제로는 그 반대일 수 있다. AI 작곡, AI 회화, 가상현실 연극, 인터랙티브 미디어 아트 등은 관객이었던 사람들을 창작자로 바꾸고 있다. 예술은 더 이상 일방향적 전달이 아니라, 참여와 상호작용의 공간으로 확장된다. AI는 창작자가 아니라 창작의 보조자이며, 인간 상상력을 넓히는 도구다. 중요한 것은 기술이 아니라, 누가 예술의 주체가 되고 그것이 누구를 위한 것인가라는 사회적 자각이다.

AI 시대의 문화·예술은 제도와 일상 속에서 다음과 같이 실현될 수 있다. 학교 예술 프로젝트: 학생들이 지역 예술가 및 AI 도구와 협력하여 전시·공연을 기획하고, 공동 창작의 과정을 학습한다.

문화 기본소득: 모든 시민이 공연·전시·독서·창작 활동에 일정 금액을 쓸 수 있도록 국가가 지원하여, 누구나 예술 향유자가 되도록 한다.

공공예술 플랫폼: AI 기반 온라인 플랫폼을 통해 누구나 자신의 작품을 쉽게 출판·공유·전시할 수 있는 디지털 장을 마련한다.

생활 속 예술화: 도시 설계, 직장, 돌봄 현장에 예술 활동을 결합하여, 예술을 특정한 무대가 아닌 일상의 공기로 확산시킨다.

예술은 더 이상 특정 계층의 전유물이 아니다. 산업혁명 시기, 예술이 왕족과 귀족의 전유물에서 부르주아 계층의 향유로 확장되었던 것처럼, AI 시대의 예술은 모든 인간의 몫이 될 것이다. 정치가 더 이상 정치가만의 것이 아니듯, 예술 또한 모두가 참여하고 누릴 수 있는 공공적 자산이어야 한다. 따라서 예술을 단순한 소비재가 아니라 사회가 함께 가꾸어야 할 공공재로 인식해야 한다. 고대 그리스의 비극이 공동체의 도덕과 정체성을 공유하는 장이었다면, AI 시대의 예술은 치유와 저항, 상상과 회복의 힘으로 새로운 공동체를 형성하는 무대가 될 것이다.

③ AI 시대의 공공 윤리

기술은 본질적으로 중립적이다. 그러나 그것이 누구의 손에서 설계되고, 누구의 이익을 위해 작동하며, 어떤 사회적 맥락 속에서 사용되는가에 따라 억압의 도구가 되기도 하고, 해방의 가능성이 되기도 한다. 따라서 AI 시대의 윤리란 기술 자체의 문제가 아니라, 기술을 둘러싼 사회적 권력과 책임의 문제에서 출발한다. 핵심 질문은 이것이다.

AI는 누구의 목소리를 반영하고 있는가?
이 기술은 누구에게 이익을 주고, 누구를 배제하는가?
그 결과에 대한 책임은 누구에게 있는가?

AI 윤리는 단순히 규제 조항을 늘리자는 뜻이 아니다. 그것은 AI를 공공의 감시와 참여 구조 안에 두고, 인간 사회의 윤리적 기준에 따라 설계와 운영을 통제할 수 있도록 만드는 데 있다. 이는 단일한 '절대 윤리 코드'를 세우는 것이 아니라, 다양한 사회 구성원이 참여하여 지속적으로 논의하고 합의해가는 민주적 과정이어야 한다. 마치 정치적 제도가 시대마다 새롭게 갱신되어야 하듯, 기술의 윤리 역시 고정된 답안지가 아니라 끊임없는 토론의 장에서 살아 움직이는 규범이어야 한다.

AI 시대 공공 윤리를 구현하기 위해서는 다음과 같은 구체적 실천이 필요하다.

알고리즘 투명화: 검색 · 추천 · 채용 · 신용평가 등 개인의 삶을 좌우하는 알고리즘은 원리와 기준이 공개되어야 하며, 누구나 검증할 수 있어야 한다.

시민 참여 제도화: 새로운 기술의 설계 · 운영 과정에 시민위원회나 숙의형 의사결정 기구를 제도적으로 포함시켜야 한다.

공공성 평가: 기술의 도입과 확산은 효율성과 혁신성만이 아니라, 공공성 · 형평성 · 인간성을 기준으로 평가받아야 한다.

책임의 명확화: 기술 오용이나 피해 발생 시 책임을 기업 · 정부 · 개발자 · 운영자 모두가 분담하는 구조를 마련해야 한다.

우리는 이미 유전학 · 생명공학에서 기술의 윤리적 경계를 고민한 경험을 가지고 있다. 기술이 인간을 만든 것이 아니라, 인간이 기술을 만든 만큼, 기술이 인간을 어떻게 다루어야 하는지에 대한 규칙 또한 인간 스스로 정립해야 한다. 문화와 예술이 사회의 나침반이 되듯, 공공 윤리는 기술이 인간성을 벗어나지 않도록 지켜주는 사회적 안전망이 되어야 한다.

결국 AI 시대의 윤리는 기술이 도덕적인가를 묻는 것이 아니라, 우리가 얼마나 인간적인 사회를 지속적으로 지켜낼 수 있는가를 묻는 질문이다. 공공 윤리는 미래를 향한 선택의 나침반이며, 기술을 인간을 위한 도구로 남게 하는 마지막 보루다.

④ 평화 지향 외교 – 안중근 의사의 미완의 꿈을 향해

AI 시대의 정치 개혁은 국내에만 머물 수 없다. 국제 관계 또한 완전히 새로운 차원의 시선이 요구된다. 특히 동북아는 한국·중국·일본이 역사적 숙명처럼 얽혀 있는 공간으로, 이 지역의 협력과 갈등 양상은 곧 세계 질서의 축소판이 된다.

역사는 이미 동북아에 두 갈래의 길을 제시했다. 하나는 안중근 의사의 동양평화론이다. 그는 일본·중국·한국이 협력과 상호 존중을 바탕으로 군사·경제·교육의 연합체를 구축해야 한다고 주장했다. 이는 단순히 서구 열강에 맞서는 공동 대응책이 아니라, 경쟁보다 협력이 더 큰 힘이 된다는 통찰이기도 했다. 그러나 일본은 '탈아입구'라는 길을 택했다. "아시아와 함께 망할 수 없다"는 구호 아래 서구 열강과 손을 잡고 이웃 국가를 식민지화했다. 그 선택은 수십 년간의 전쟁과 불신, 갈등의 씨앗을 남겼다.

AI 시대의 국제 협력 역시 이 두 길 사이에서 선택해야 한다. 협력과 연대의 길을 걷는다면, 동북아는 첨단 기술 · 에너지 · 환경 · 데이터 분야에서 공동 플랫폼을 구축하고, 인재와 자원을 공유하며, 글로벌 기술 규범 형성의 주도자가 될 수 있다. 이 경우 동북아는 세계에서 가장 강력하고 안정적인 기술 · 경제 블록으로 자리매김할 것이다. 그러나 경쟁과 배제의 길을 고집한다면, AI는 군사와 안보의 도구로 전락하고, 데이터는 신뢰를 쌓는 다리가 아니라 장벽을 만드는 무기가 될 것이다. 그 선택은 동북아를 혁신의 중심이 아니라, 갈등과 낙오의 위험 지대로 몰아넣을 것이다.

미완으로 끝났던 안중근의 동양평화론은 오늘 한국 사회가 다시 붙들어야 할 미래의 등불이다. AI 시대의 외교는 그 미완의 꿈을 계승해, 경쟁이 아닌 연대, 패권이 아닌 협력을 향한 길을 열어야 한다. 그것이야말로 동북아가 인류 공동의 미래에 기여할 수 있는 가장 근본적인 방법이다.

선택이 아닌 존재에 대한 본질적인 문제들

AI는 인류를 전례 없는 번영으로 이끌 수도 있고, 준비 부족 속에 불평등과 혼란, 심지어 문명의 붕괴까지 초래할 수도 있다. 핵

무기처럼 한 번 임계점을 넘어가면 되돌릴 수 없는 기술인 만큼, 우리의 대응은 선택이 아니라 필수다. AI가 열어젖힌 자유와 협력의 가능성을 극대화하되, 인간 존엄을 사회 설계의 최종 기준으로 삼아야 한다. 정치는 권력의 방향을, 세제는 부와 자원의 흐름을, 제도는 존엄을 지키기 위한 수단을 결정한다. 그러나 그 너머에 놓인 궁극의 과제는 새로운 문명 속에서 인간의 의미를 다시 발견하는 것이다.

근대 이후 세계의 기본 골격은 서양이 만든 가치와 제도로 짜여 왔다. 국민국가, 헌법, 의회민주주의, 법치주의, 자본주의 시장경제, 사유재산권, 근대 은행과 주식회사, 과학기술 중심의 세계관, 개인주의, 인권 · 자유 · 평등의 담론, 그리고 웨스트팔리아 조약이 낳은 주권국가 체제까지 ─ 이러한 유산이 오늘날 세계 질서의 근본 뼈대를 이루었다. 그러나 이 틀은 결코 서양만의 전유물이 아니었다. 일본과 한국, 중국과 인도 등 비서양 문명권은 이를 받아들여 각자의 방식으로 변형하고 융합해 왔으며, 오늘날 세계는 서양 근대 가치 위에 비서양의 전통과 환경, 다문화주의, 디지털 거버넌스가 얽힌 복합 구조를 띠고 있다. 하지만 이제 AI는 이 체제의 전제 조건 자체를 흔들고 있다.

산업혁명 이후 확립된 틀은 네 가지 구조적 한계를 지닌다.

첫째, 무한 성장 패러다임이다. 성장 없이는 유지될 수 없는 자본주의 · 국가 경쟁 구조는 기후 위기, 자원 고갈, 사회 양극화를 심화시켰다.

둘째, 노동 중심 사회다. 임금노동을 전제로 짜인 복지와 정치 참여 구조는 자동화 시대에 근본이 붕괴된다.

셋째, 의회민주주의의 한계다. 정당과 다수결에 의존하는 서구 적 민주주의는 초연결 · 실시간 사회에서 비효율과 분열을 확대할 수 있다.

넷째, 기후 위기라는 절대적 한계다. 산업혁명 체제는 화석연 료에 기반해 성장해 왔지만, 이제 그 연장이 지구 생태계의 붕괴를 불러오고 있다. 기후 위기는 특정 국가나 세대의 문제가 아니라, 인류 전체의 지속 가능성을 위협하는 초국가적 과제다. 이 한계를 넘지 못하면 어떤 제도 개혁도, 어떤 기술 진보도 문명의 토대를 지킬 수 없다.

AI 시대는 또 다른 특수성을 보여준다. 노동 없는 부 창출이 가능한 한계비용 제로의 경제, 국경과 문화를 허무는 지식의 초고속 확산, 그리고 구제도를 유지할 경우 소수 국가와 기업이 부와 권력을 독점하는 제도-기술 격차 확대가 그것이다. 따라서 문제의 본질은 단순히 '서양 대 비서양'의 대립이 아니다. 기술 변화가 기존 근대 체제의 전제 조건을 무너뜨렸기에, 이에 맞는 제도 재설계가 필요하다.

앞으로의 방향은 분명하다. 가치의 전환이 요구된다. 성장 중심에서 지속 가능성과 공유 중심으로, 경쟁 질서에서 협력과 연결의 질서로, 개인주의와 공동체주의의 균형으로 이동해야 한다. 동시에 제도의 혁신이 필요하다. 기본소득과 기본서비스로 분배 구조를 다시 짜고, AI 보조 직접민주주의와 실시간 시민 참여로 거버넌스를 개혁하며, 국제 질서를 패권이 아닌 다극과 협력 체제로 전환해야 한다.

이 모든 것은 단순한 정책 과제가 아니다. 수많은 석학들이 경고하듯, 준비 없는 AI 시대는 불평등과 혼란, 심지어 문명의 붕괴를 가져올 수 있다. 변화의 속도와 깊이가 역사상 유례없는 만큼, 한 번의 판단 착오가 치명적일 수 있다. 그래서 지금 우리가 마주한 과제는 선택이 아니라 존재의 문제다.

AI 시대의 진정한 핵심 의제는 기술의 힘으로 더 많은 자유와 더 넓은 협력을 가능케 하되, 인간 존엄을 사회의 최종 기준으로 삼는 것이다. 정치와 세제 개혁은 그 존엄을 지키기 위한 수단이며, 그 너머의 과제는 새로운 문명 속에서 인간의 의미를 다시 발견하는 일이다. 괴베클리 테페에서 인류가 공동의 신전을 세웠듯, 우리는 다시 머리를 맞대어 새로운 문명을 설계해야 한다. 그것은 경제 정책이나 산업 전략을 넘어, "우리가 어떤 문명을 선택할 것인가"라는 가장 근본적인 존재의 물음에 답하는 길이다.

엇갈리는 운명

우리가 이 과업들을 성공적으로 완수한다면, 우리의 일상은 완전히 달라질 것이다. AI는 인간의 고단한 노동을 대신하고, 사람들은 창의적이고 의미 있는 일에 더 많은 시간을 쓸 수 있다. 의료·교육·문화의 격차는 크게 줄어들고, 누구나 자신의 잠재력을 실현할 수 있는 환경이 마련된다. 도시는 친환경적으로 재설계되어 숨 쉴 수 있는 공간이 넓어지고, 사람들은 지역과 세계를 넘나드는 협력 네트워크 속에서 살아간다. 기술은 소수의 이익이 아니라 인류 전체의 번영을 위해 쓰이며, 정치와 경제는 투명하고 신뢰를 바탕으로 운영된다.

그러나 우리가 준비를 소홀히 한다면, 미래는 전혀 다른 모습이 될 것이다. AI 기술과 부는 소수의 손에 집중되고, 대다수 사람들은 노동 시장에서 배제된 채 생계와 존엄을 위협받는다. 정보는 조작되고, 감시는 일상이 되며, 사회는 극단적으로 분열된다. 기술은 인간의 자유를 넓히기보다 통제의 도구가 되고, 결국 문명은 붕괴될 것이다.

성공이 가져다 줄 미래상

아침 햇살이 자동 조광창을 통해 부드럽게 들어온다.

맞춤형 영양 식단이 주방 로봇에 의해 조리되고, 향긋한 커피 향이 집 안을 채운다.

오전 일정은 정치 참여다.

홀로그램 의회 공간에 접속하면, 지역과 세대를 넘어 모인 시민들이 함께 정책을 논의한다.

AI는 방대한 자료를 분석해 쟁점을 정리하고, 여러 선택지가 가져올 결과를 실시간 시뮬레이션으로 보여준다.

더 이상 정치는 소수의 특권이 아니라, 모두가 일상처럼 참여하는 삶의 일부다.

오전 업무를 마친 뒤, 지역 커뮤니티 센터로 향한다.

다양한 배경을 가진 사람들과 함께 예술, 과학, 사회 문제에 대해 토론하고 창작한다.

기본소득 덕분에 생계 걱정 없이, 누구나 관심 분야에 몰입할 수 있다.

점심후 찾은 공원은 옛날보다 훨씬 푸르고 깨끗하다.

모든 에너지는 인공태양으로 바뀌어, 환경 걱정은 없다.

오후에는 교육에 참여한다. 교육은 선생과 학생의 경계가 없다.

해질 무렵, 전 세계에서 모인 음악가들이 실시간 원격 합주를 펼치고,

홀로그램은 공연을 실제처럼 만들어 준다.

저녁은 집에서 가족과 함께 한다.

식탁 위에서 대화는 자연스럽게 "내일 어떤 일을 하고 싶은지"로 이어진다.

삶의 목적이 단지 생존이 아니라, 무엇을 배우고, 누구와 나누고, 어떻게

세상을 더 낫게 만들 것인가로 바뀌었다.

밤, 별빛은 총총히 빛나고, 인간은 언젠가 그곳에 닿으리라 꿈꾸며 하루를 마친다.

실패가 가져올 디스토피아

아침은 공허하다. 일자리를 잃은 지 오래.

식탁 위에는 전날 지급된 최소 보급 식량이 놓여 있다.

식사 중, 중앙 통제 뉴스 채널에서 오늘의 '사회 안정 지수'를 발표한다.

과거처럼 사회를 자유롭게 비판하고 토론할 수 있는 공간은 사라진 지 오래다.

AI 알고리즘은 '사회 기여도'를 점수화해 자원 배분과 기회 제공을 결정한다.

점수가 낮으면 교육, 의료, 거주지 선택 모두 제한된다.

오후에는 의무적으로 지정된 '직업 재훈련 프로그램'에 참여해야 한다.

그러나 이 과정은 사실상 새로운 일자리를 제공하지 않는다.

대부분의 업무는 이미 AI가 처리하고, 사람은 창조자가 아니라 감시 체계의 부속품이다.

저녁 무렵, 도시는 네온빛으로 번쩍이지만, 사람들의 표정은 무표정하다.

밤이 되면 정전이 시작된다.

"AI가 당신의 삶을 지켜줍니다"라는 광고판의 문구만 공허하게 반복된다.

새로운 축의 시대 - AI 시대에서 노동

사실 인류는 오래전부터 유토피아의 꿈을 품어왔다. 기원전 수세기에 열린 축의 시대가 그 증거다. 부처와 공자, 소크라테스와 조로아스터는 인간의 내면을 파고들며 종교와 철학, 도덕과 사유의 새로운 지평을 열었다. 인간은 처음으로 신을 넘어 스스로에게 질문을 던졌고, 세계를 이해하고 공동체를 조직하는 더 깊은 원리를 찾았다. 그것은 분명 거대한 정신적 혁명이었다.

그러나 그 시대의 이상은 절반에서 멈췄다. 인간의 사유는 도약했지만, 생산력과 제도의 기반은 여전히 농경과 제국의 틀에 묶여 있었다. 새로운 도덕과 철학은 인간을 깨우쳤으나, 사회 전체의 구조적 변혁으로 이어지지 못했다. 축의 시대의 빛은 인간 정신 속에 남았지만, 현실의 삶과 제도를 바꾸기에는 이르지 못했던 것이다. 르네상스와 산업혁명은 그 불씨를 다시 살려냈다. 예술과 과학, 신앙과 이성이 새롭게 융합되며 인류의 사고와 생산력은 동시에 도약했다. 그러나 그 과정은 제국주의, 전쟁, 불평등이라는 새로운 그림자를 낳았다. 그리고 이제 AI 시대. 지금은 정신과 물질, 가치와 제도가 동시에 요동치는 순간이다. 기술은 전례 없는 생산성의 도약을 가능케 하고, 사회 시스템은 그에 맞춰 다시 설계를 요구받는다.

"노동은 무엇을 위하는가. 그리고 나의 노동은 무엇을 위하는가."

"문명은 누구를 위하는가. 그리고 내가 속한 문명은 누구를 위하는가."

그러나 우리는 여기서 멈추지 않는다.

"우리 시대의 노동은 무엇을 위하는가. 그리고 우리 시대의 문명은 누구를 위하는가."

괴베클리 테페의 돌기둥 아래에서 노동은 축제였다. 이집트의 신전 아래에서 노동은 복종이었다. 그리스에서는 노동이 타자에게 넘겨졌고, 르네상스의 공방에서는 노동이 창조가 되었다. 산업혁명의 굉음 속에서 노동은 상품이 되었고, 메이지 일본에서는 노동이 동원이 되었으며, 한국의 거리에서는 노동이 저항의 깃발이었다. 그리고 이제 AI 시대. 노동은 더 이상 생존의 조건이 아니다.

"노동 없는 사회에서 인간은 무엇을 하고 살 것인가."

이 근본적인 물음 앞에서 우리는 답해야 한다. 노동은 창의와 공동체적 기여라는 새로운 이름으로 거듭나야 한다.

오늘 우리는 또다시 갈림길 위에 서 있다. AI라는 태양은 세상을 환히 밝힐 수도, 깊은 어둠을 드리울 수도 있다. 과거의 선택이 오늘을 만들었듯, 오늘의 선택은 내일의 문명을 만든다. 피라미드의 영원, 아테네의 자유, 피렌체의 부활, 산업의 굉음-인류의 역사는 끊임없이 우리에게 말을 걸어왔다. 그리고 지금, 그 모든 울림이 하나의 목소리로 모아진다.

"인간다운 인간으로 남을 것인가."

《스타트렉: 넥스트 제너레이션The Next Generation》 피카드 함장이 외계 존재 Q에게 심판받을 때 인류 문명의 진보를 설명하며 이렇게 말한다.

"The acquisition of wealth is no longer the driving force in our lives.We work to better ourselves and the rest of humanity."

"재산 축적은 더 이상 우리의 삶을 움직이는 동기가 아닙니다. 우리는 자신을 발전시키고 인류를 돕기 위해 일합니다."

AI 사피엔스, 무엇을 하고 살 것인가?

1판 1쇄 인쇄 2026년 1월 16일
1판 1쇄 발행 2026년 2월 13일

지은이 백완기
펴낸이 김미영

본부장 김익겸
제작 올인피앤비
펴낸곳 지베르니
출판등록 2021년 8월 2일
등록번호 제561-2021-000073호
팩스 0508-942-7607
이메일 giverny.1874@gmail.com

ⓒ백완기, 2026

ISBN 979-11-24102-00-8(03300)